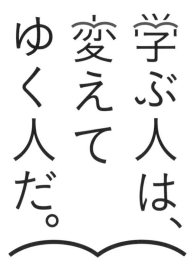

学ぶ人は、
変えて
ゆく人だ。

目の前にある問題はもちろん、

人生の問いや、

社会の課題を自ら見つけ、

挑み続けるために、人は学ぶ。

「学び」で、

少しずつ世界は変えてゆける。

いつでも、どこでも、誰でも、

学ぶことができる世の中へ。

旺文社

はじめに

　リスニングの学習において目指すべき目標は大きく分けて 2 つあります。1 つは「音声を正確に聞き取る（音声理解）」ことです。例えば，「ゥワッゥジュゥドゥインディシチュエイシャン」という音声が聞こえてきたとします。これは切れ目のない，一続きの音の連なりとして聞こえてきますが，学習者はこれを What would you do in this situation? という文であることが理解できなければなりません。

　もう 1 つの目標は「聞き取った音声の意味を正確に理解する（意味理解）」ことです。上の What would you do in this situation? という音声が聞き取れると同時に，この文が「この状況であなたならどうしますか」という意味を表していると瞬時に理解できるようにならなければなりません。

　本書は，このうち，主に第 1 の目標（音声理解）達成に向けて，効率よく学習できることを意図して作成されました。音声を聞き取るための最も有効な練習の 1 つにディクテーション（書き取り）がありますが，本書ではこのディクテーションの練習が集中的に行えるように構成されています。

　英語の音声は，単語と単語が連続することで前後の音と結合したり，語末の音が脱落したりするなどして聞き取りにくい場合も多いですが，本書ではそうした音の結合や脱落も練習の中で自然と聞き分けられるようになっています。本書で示した，音声から文字へ変換する練習を繰り返し積むようにしてください。

　音声は 1 度で聞き取れなくても構いません。繰り返し聞き返して，もうこれ以上わからないというところまで聞くようにしてください。そのあとで答え合わせをしてから，音声をまねて何度か発音するとよいでしょう。自分で発音できるようになれば次からはその音が聞こえてくるようになります。ドリル 3 のディクテーションは英文が長いため聞き取りに苦労し，音声を何度も流すことになるかもしれませんが，その反復の過程こそが音声理解の学習においてとても重要になります。ぜひ本書を最後まで通して学習してみてください。1 冊終えるころには，英語の音声の聞き取りに自信が持てるようになっていることでしょう。

　そしてこの 1 冊を終えた方はぜひ『大学入試 全レベル問題集 英語リスニング 1 基礎レベル』を学習してみてください。本書で身につけたリスニング力を大学入試問題で試すことができるようになっています。

　さあ，それではリスニングの学習を始めましょう！

坂本　浩（さかもと・ひろし）
河合塾講師。著書に『英文で覚える 英単語ターゲット R 英単語ターゲット 1400 レベル［改訂版］』（旺文社）など。東京外国語大学英語科卒業。東京大学大学院総合文化研究科・言語情報科学専攻博士課程単位取得退学。専門は日・英の語彙意味論。

本書の特長と使い方

たくさん書くためのドリルがメインの学習です。

目次と各 Chapter の冒頭で学ぶ内容を把握したらドリルに取り組みましょう。1 課の学習は 15 分を目安に作られています。

Chapterの全体像をさっとつかむ - - - - - - - →

各 Chapter で取り組む項目を把握しましょう。基本的な知識をまとめて確認することもできます。

▼

ドリルで書く・聞く!

各課のドリルは 4 つの形式で構成されています。ドリル1では単語レベル,ドリル2で語句レベル,ドリル3で文レベルのディクテーションを行います。また,ドリル4は聞き取った文の意味を確認する練習を行います。1 課の目安は 15 分程度です。

ドリル 1234	単語レベルの書き取り
ドリル 1234	語句レベルの書き取り
ドリル 1234	文レベルの書き取り
ドリル 1234	意味理解の確認問題

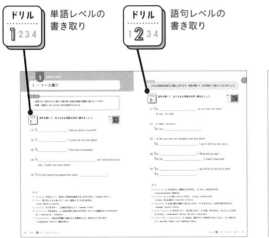

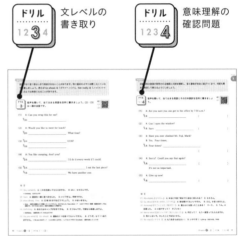

入試実戦演習　大学入試問題にチャレンジ!

最後に大学入試過去問題に取り組んで,入試対策の基礎力がついたことを確認しましょう。設問形式を実際の入試問題から変更したものもあります。

本書で使う記号

S…主語　　**V**…述語動詞　　**O**…目的語　　**C**…補語　　to *do*…不定詞　　*do*…動詞の原形
doing…分詞／動名詞　　*done*…過去分詞　　*A*,*B*…任意の名詞
( )…省略可能　[ ]…言い換え可能　名 形 動 副 前 …単語の品詞

付属サービスの利用法 —— 音声・英文リスト

本書の音声は，各ページの二次元コード，特典サイト，旺文社公式リスニングアプリ「英語の友」（iOS/Android）から無料で聞くことができます。

また，本書で学ぶ英文をまとめた PDF を特典サイトからダウンロードすることができます。

二次元コードで音声を聞く ----→

各ページの二次元コードをスマートフォン・タブレットで読み込んで，音声を再生することができます。

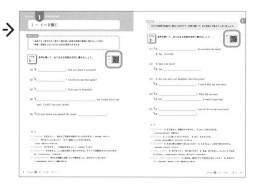

特典サイトで音声を聞く・英文リストをダウンロードする

1 パソコンからインターネットで
専用サイトにアクセス

URL：https://service.obunsha.co.jp/tokuten/hajime/

2 『はじめのリスニングドリル』をクリック

3 パスワード「hajime1」をすべて半角英数字で入力

・**音声ファイル**をダウンロード（またはウェブ上で再生）

・**英文リスト**をダウンロード

注意 ▶ スマートフォンやタブレットでは音声をダウンロードできません。ダウンロードについて：音声ファイルはMP3形式です。ZIP形式で圧縮されていますので，解凍（展開）して，MP3を再生できるデジタルオーディオプレーヤーなどでご活用ください。解凍（展開）せずに利用されると，ご使用の機器やソフトウェアにファイルが認識されないことがあります。デジタルオーディオプレーヤーなどの機器への音声ファイルの転送方法は，各製品の取り扱い説明書などをご覧ください。 ▶ 音声または動画を再生する際の通信料にご注意ください。 ▶ ご使用機器，音声再生ソフトなどに関する技術的なご質問は，ハードメーカーもしくはソフトメーカーにお願いします。 ▶ 本サービスは予告なく終了することがあります。

旺文社公式リスニングアプリ「英語の友」（iOS/Android）で音声再生

1 「英語の友」公式サイトよりアプリをインストール
右の二次元コードから読み込めます。

URL：https://eigonotomo.com/

2 ライブラリより『はじめのリスニングドリル』を選び，「追加」ボタンをタップ

注意 ▶ 本アプリの機能の一部は有料ですが，本書の音声は無料でお聞きいただけます。 ▶ アプリの詳しいご利用方法は「英語の友」公式サイト，あるいはアプリ内のヘルプをご参照ください。 ▶ 本サービスは予告なく終了することがあります。

目次 CONTENTS

関係者一覧 │ 組版：幸和印刷株式会社／装丁・本文デザイン：しろいろ／表紙イラスト：©tibori – stock.adobe.com ／
音声収録・編集：株式会社巧芸創作／音声サイト：牧野剛士／編集協力：株式会社シー・レップス／
校正：Ross Tulloch , 株式会社友人社, 石川道子, Jason A. Chau , 山本知子／編集担当：赤井美樹

会話特有の表現

001
〜
005

　会話では，比較的短めの表現を用いて，挨拶をしたり，相づちを打ったり，短い応答をしたり，感情を表現したりします。こうした表現は定型化しているものが多いので，使われる場面とその表現を覚えてしまうことが，スムーズな聞き取りにつながります。

1　1〜2語で表される会話特有の表現

学習ページ ▶ 1. (p.8), 2. (p.12), 3. (p.16)

❶ Unit 1 で扱う表現

●感嘆を表す表現

Amazing! / Cool! / Fantastic! / Awesome!　すばらしい，驚きだ！

●同意・承諾を表す表現

Sure. / Certainly. / Absolutely. / Definitely. / Of course.
もちろんです，わかりました

●その他の表現

No way!　まさか！　そんなはずはない / Sorry?　もう一度言ってください /
Excuse me.　すみません，お尋ねします / Congratulations!　おめでとう！ /
Guess what.　あのねえ / How about ...?　…はどうですか

❷ Unit 2 で扱う表現

●賛成・同意の表現

Right. / You're right. / That's right. / Exactly.　そのとおりです

●不同意・否定を表す表現

Not necessarily.　必ずしもそうではない / Not really.　それほどでもない，そんなことはない /
Not yet.　まだしていない

●その他の表現

Me too.　私もそうです / Me neither [either].　私もそうではありません /
Let's see.　ええと，そうですね（＝Let me see.） / What's wrong?　どうしました？ /
Come on.　ねえ，さあ / Hurry up.　急いで / No, thanks.　いいえ，結構です

❸ Unit 3 で扱う表現
●挨拶・応答の表現

What's up? 元気？ / Nothing [Not] much. 相変わらずです / Take care. 気をつけて /
Anytime. （お礼に対して）どういたしまして（＝You're welcome.）/
Sounds good. それはいい話です / Thanks anyway. とにかくありがとう

　相手の発話に対する確認や相づちとして，直前の SV を受けて短縮された疑問文のようにして返すことがある。

例　A: She was absent from school today. 彼女は今日学校を休みました。
　　B: Oh, was she? ああ，休んだのですか。（＝was she absent from school today?）

　聞きたい情報を疑問詞のみで問い返すことがある。

例　What? 何ですか / Who? 誰ですか / Why? なぜですか（＝How come?）

2　3 語以上で表される会話特有の表現　　学習ページ　4. (p.20), 5. (p.24)

❶ Unit 4 で扱う表現
●（不）同意・確信の表現

I think so. そう思います / I don't think so. そうではないと思います /
I hope so. そうだといいですね / I hope not. そうではないといいですね /
I guess so. そのようですね / I guess not. そうではないようですね /
No doubt about that. 間違いありません

●心配・気遣いの表現

Is everything OK? 万事問題ありませんか / Sorry to hear that. お気の毒です /
I'm afraid so [not]. 残念ながらそうだと思います［そうではないと思います］

●その他の表現

Nothing in particular. 特にありません / Here it is. ここにあった，はいどうぞ /
I wish I could. そうできるといいのですが（できないのです）

❷ Unit 5 で扱う表現

　相手の発話に合わせて「S もそうだ」と応じる場合，So VS / Neither VS などの表現を用いる。

例　A: I watched the show last night. 昨夜その番組を見ました。
　　B: So did I. 私も見ました。（＝Me too.）

1 ››› 1〜2語①

ポイント

- 会話でよく使われる1語や2語の短い応答は発話の冒頭に現れることが多い
- 同意・承諾はしばしば Yes 以外の表現で示される

ドリル **1** 2 3 4　音声を聞いて，当てはまる英語を空所に書きましょう。

006
〜
010

□(1) ✎＿＿＿＿＿＿＿＿＿＿＿＿＿！ Did you draw it yourself?

□(2) ✎＿＿＿＿＿＿＿＿＿＿＿＿＿？ Could you say that again?

□(3) ✎＿＿＿＿＿＿＿＿＿＿＿＿＿！ This tune is beautiful!

□(4) ✎＿＿＿＿＿＿＿＿＿＿ ＿＿＿＿＿＿＿＿＿＿, but I think this is my

　　　seat. Could I see your ticket?

□(5) ✎I've just heard you passed the exam. ＿＿＿＿＿＿＿＿＿＿＿！

解 答

(1) Amazing　すばらしい！　あなたご自身がお描きになったのですか。 ▶Amazing!　すばらしい！

(2) Sorry　何ておっしゃいました？　もう一度言っていただけますか。

　　▶Sorry?　今何ておっしゃいましたか

(3) Fantastic　すてきです！　この曲はすばらしい！ ▶Fantastic!　すてきだ！

(4) Excuse me　すみません，ここは私の席だと思うのですが。チケットを確認させていただけます

　　か。 ▶Excuse me, but ...　すみませんが…

(5) Congratulations　あなたが試験に合格したと今聞きました。おめでとうございます！

　　▶Congratulations!　おめでとう！（複数形で用いる）

Hints!

これらの表現は会話文に頻出しますので，何度も聞いて，また発音して覚えてしまいましょう。

ドリル
1**2**3 4

音声を聞いて，当てはまる英語を空所に書きましょう。

011
〜
015

☐ (1) 🖊A: _____ , do you have the time?

B: Yes. It's 2:30.

☐ (2)   A: May I sit here?

🖊B: Yes, _____ .

☐ (3)   A: Are you sure our daughter won first prize?

🖊B: _____ . I saw it with my own eyes.

☐ (4) 🖊A: _____ ? What did you say?

🖊B: Oh, _____ . It wasn't important.

☐ (5) 🖊A: _____ , I got all A's on my term tests!

🖊B: _____ !

解 答

(1) Excuse me A: すみません，時間わかりますか。 B: はい。2 時 30 分です。
▶ Do you have the time? 今何時ですか

(2) of course A: ここに座ってもいいですか。 B: はい，もちろんです。
▶ of course （申し出に承諾して）もちろんです，いいですとも

(3) Absolutely A: 本当に僕らの娘が 1 位になったの？ B: もちろんよ。この目で見たのだから。
▶ Absolutely. そのとおり，そうだとも

(4) Sorry, forget it A: 何ですって？ 何て言ったの？ B: ああ，何でもない。大したことではなかったから。 ▶ Forget (about) it. 何でもない，気にしないで（= Never mind.）

(5) Guess what, Congratulations A: あのね，期末テストで全科目 A をとったよ！ B: おめでとう！ ▶ Guess what. あのねえ，いいかい（話の切り出しに用いる）

Hints!

会話では1音1音はっきり発音されないことがあります。特に語末の d や t は聞こえにくいので注意しましょう。例えば Go ahead. は「ゴゥアヘッ（ド）」，Not really. は「ノッ（ト）リイリ」のような発音になることがあります。

ドリル 12③4 音声を聞いて，当てはまる英語を空所に書きましょう。(2)・(3)は一連の会話です。

016 〜 020

☐ (1)　A: Can you wrap this for me?

✎ B: _____

☐ (2)　A: Would you like to meet for lunch?

✎ B: _____ What time?

☐ (3)　✎ A: _____ 12:30?

✎ B: _____

☐ (4)　A: You like camping, don't you?

✎ B: _____ I'd do it every week if I could.

☐ (5)　✎ A: _____ I eat the last piece?

✎ B: _____ We have another one.

解 答

(1) Yes, certainly.　A: これを包装してもらえますか。　B: はい，もちろんです。
　▶ Certainly.　もちろんです

(2) Sure.　A: 昼食を一緒に食べませんか。　B: いいですよ。何時ですか。

(3) How about，Fine.　A: 12時30分ではどうでしょう。　B: かまいません。
　▶ Sure.　（相手の提案などに同意して）いいですとも，わかりました／How about 〜?　〜はどうですか（提案・勧誘を表す）／Fine.　結構です，それでかまいません（相手の提案などに同意する）

(4) Definitely.　A: あなたはキャンプが好きですね。　B: そうなんです。可能なら毎週しますよ。
　▶ Definitely.　（自信を持って）そのとおりです

(5) Do you mind if，Go ahead.　A: 最後の1つを食べてもいいですか。　B: どうぞ。もう1つありますから。　▶ Do you mind if ...?　…したら気にしますか，…してもいいですか／Go ahead.　（相手を促して）どうぞ

Hints!

会話特有の表現が使用される場面と文脈を理解し，音と意味が完全に結びつくまで，何度も聞き，発音して覚えるようにしましょう。

ドリル
1 2 3 **4**

音声を聞いて，当てはまる英語とその日本語訳を空所に書きましょう。

021

☐ (1)　A: Are you sure you can get to the office by 7:00 a.m.?

✏ B: ＿＿＿＿＿＿＿＿＿＿＿＿＿＿　（　　　　　　　　　　　）

☐ (2)　A: Can I open the window?

✏ B: Sure. ＿＿＿＿＿＿＿＿＿＿＿＿　（　　　　　　　　　　　）

☐ (3)　A: Have you ever climbed Mt. Fuji, Mark?

B: Yes.　Four times.

✏ A: Four times? ＿＿＿＿＿＿＿＿＿＿＿＿＿＿

（　　　　　　　　　　　）

☐ (4)　A: Sorry?　Could you say that again?

✏ B: ＿＿＿＿＿＿＿＿＿＿＿＿＿＿　（　　　　　　　　　　　）

It's not so important.

☐ (5)　A: Give up now!

✏ B: ＿＿＿＿＿＿＿＿＿＿＿＿＿＿　（　　　　　　　　　　　）

解 答

(1) Absolutely. (もちろん。)　A: 本当に午前 7 時までに会社に来られる？　B: もちろん。

(2) Go ahead. (かまいません［どうぞ］。)　A: 窓を開けてもいいですか。　B: ええ。かまいませんよ。

(3) Amazing! (すごいことだ［驚きだ］！)　A: 富士山には登ったことある？　マーク。　B: うん。4 回登った。　A: 4 回ですって？　すごいわ！

(4) Never mind. (別にいいです［気にしないで］。)　A: 何だって？　もう一度言ってもらえますか。
B: 気にしないで。大したことではないから。

(5) No way! (いやです！)　A: もうあきらめなさい！　B: いやです！　▶ give up　あきらめる，やめる

2 ››› 1〜2語②

ポイント

● Not で始まる不同意・否定の表現の意味に注意

● 1〜2語の短い文で表される話者の意見や感情を聞き逃さない

ドリル 1234　音声を聞いて，当てはまる英語を空所に書きましょう。

022
〜
026

☐ (1) A: I have an appointment with Mr. Brown.

B: I see.　Mr. Suzuki?

✎ A: _____ .

☐ (2) A: Mr. Garcia isn't satisfied with the result.

✎ B: _____ _____ .　He isn't.

☐ (3) A: I'm sorry I'm late.　The traffic was heavy.

✎ B: _____ _____ .

☐ (4) A: We're going to lose.

✎ B: _____ _____ .　Don't give up until it's over.

☐ (5) A: Have you finished your report?

✎ B: _____ _____ .　It's taking longer than I expected.

解 答

(1) Right　A: ブラウン先生と診察の予約を入れてあります。　B: はい。スズキさんですか。　A: そうです。▶ Right.　そのとおりです（＝That's right. / You're right.）

(2) You're right　A: ガルシア先生は結果に満足していないね。　B: そうだね。満足していない。

▶ *be* satisfied with 〜　〜に満足している

(3) That's OK　A: 遅れてごめんなさい。道路が渋滞していたものですから。　B: 問題ないですよ。

▶ traffic 图 車などの交通，往来／That's OK.　問題ないです，結構です（＝No problem.）

(4) Not necessarily　A: このままでは負けてしまう。　B: そんなことはない。最後まであきらめないで。▶ Not necessarily.　必ずしもそうではない，そうとは限らない

(5) Not yet　A: 報告書は書き終えましたか。　B: まだ終わっていません。思ったより時間がかかっています。▶ Not yet.　まだしていない

Hints!

Right. / That's right. / You're right. / Exactly. や **1** で扱った Absolutely. / Definitely. / Certainly. などは「そのとおり，もちろんだ」という意味で，相手の言うことが正しいことを伝えたり，それに強く賛同したりするときに用いられる表現です。

ドリル
1 2 3 4 　音声を聞いて，当てはまる英語を空所に書きましょう。

027
〜
031

☐ (1)　A: You said "No" to your boss?

✎ B: ＿＿＿＿＿＿＿＿＿＿＿＿＿＿＿＿＿ .

☐ (2)　A: Is it your birthday today, Grandpa?

✎ B: ＿＿＿＿＿＿＿＿＿＿＿＿＿＿＿ . My seventieth birthday.

☐ (3)　A: Did they agree?

✎ B: ＿＿＿＿＿＿＿＿＿＿＿＿＿＿＿ . They just didn't have anything to say.

☐ (4)　A: Would you like some more coffee?

✎ B: ＿＿＿＿＿＿＿＿＿＿＿＿＿＿＿ . I've got to go now.

☐ (5)　A: We should take action immediately.

✎ B: ＿＿＿＿＿＿＿＿＿＿＿＿＿＿＿ , but the others still don't agree with your plan.

解 答

(1) Exactly　A: 上司に「ノー」と言ったわけ？　B: そのとおり。　▶ Exactly. まさにそのとおりだ

(2) That's right　A: 今日はおじいちゃんのお誕生日なの？　B: そうだよ。70 歳の誕生日だ。

(3) Not necessarily　A: 彼らは賛成したのですか。　B: そういうわけではないのです。彼らはただ何も口にしなかったのです。

(4) No, thanks　A: もう少しコーヒーをいかがですか。　B: いいえ，結構です。もう行かなければなりませんので。　▶ No, thanks. （申し出を断って）いいえ，結構です／I've got to go. 行かなければならない（「アイヴガラゴウ」という音声を反映して I've gotta go. とつづられることもある）

(5) You're right　A: 我々はすぐに行動を起こさなければなりません。　B: そのとおりですが，他の人はあなたの計画にまだ同意していませんよ。　▶ take action 行動を起こす

「私もそうです」という意味の最もカジュアルな言い方は，肯定文では Me too. で否定文では Me neither[Me either]. です。

 音声を聞いて，当てはまる英語を空所に書きましょう。

032
〜
036

☐ (1) A: I don't know why he did that stupid thing.

✎ B: ＿＿＿＿＿＿＿＿＿＿＿＿＿＿＿＿＿

☐ (2) A: I'm hungry.

✎ B: ＿＿＿＿＿＿＿＿＿＿＿＿＿＿＿＿＿

I didn't have breakfast this morning.

☐ (3) A: Wait a second.

✎ B: ＿＿＿＿＿＿＿＿＿＿＿＿＿＿＿＿＿

We'll be late.

☐ (4) A: Shall I help you carry your baggage?

✎ B: ＿＿＿＿＿＿＿＿＿＿＿＿＿＿＿＿ I can manage.

☐ (5) A: I'll do it myself.

✎ B: ＿＿＿＿＿＿＿＿＿＿＿＿＿＿＿ Be honest. Let me help you.

解答

(1) Me neither. A: どうして彼がそんなばかげたことをしたのかわからないわ。 B: 僕にも（わからない）。 ▶ stupid 形 ばかな／Me neither. ＝ I don't know why he did it, either.

(2) Me too. A: お腹がすいたわ。 B: 僕もだよ。今朝，朝食を食べていないんだ。
▶ Me too. 私もだ（＝I'm hungry, too.）

(3) Hurry up. A: 少し待っていて。 B: 急いでよ。遅れるから。 ▶ Hurry up. 急いで

(4) That's OK. A: 荷物を運ぶのを手伝いましょうか。 B: 大丈夫です。自分でできます。 ▶ I can manage. 自分で（どうにか）できる，何とかする

(5) Come on. A: 自分でやります。 B: おいおい。素直になってよ。手伝わせてよ。
▶ Come on. （懇願，励まし，抗議などを表して）さあ，おい，しっかり／Be honest. 正直［素直］になりなさい，率直に言いなさい

Not really. や Not necessarily. は「そうとは言えない，そうとは限らない」という意味で，はっきりと否定することを避けるために用いられる表現です。

ドリル 1 2 3 4 音声を聞いて，当てはまる英語とその日本語訳を空所に書きましょう。 037

□ (1) ✎ _____ (   )

You look upset.

□ (2)　A: Do you like playing outside?

✎ B: _____ (   )

I'd rather play video games at home.

□ (3)　A: How did the exam go?

✎ B: _____ (   )

□ (4)　A: Sarah and I are going to USJ tomorrow.

✎ B: Sounds nice.

_____ (   )

□ (5)　A: Is there a post office near here?

✎ B: _____ (   )

There's one at the end of the street.

解答

(1) What's wrong?（どうしたのですか？）　どうしたの？　怒っているように見えるよ。

(2) Not really.（そうでもない。）　A: 外で遊ぶのは好き？　B: そうでもないな。家でテレビゲームをしていたいよ。　▶ Not really. そうでもない／I'd rather *do* （むしろ）…したい（＝I would rather *do*）

(3) Don't ask.（聞かないで。）　A: 試験はどうだった？　B: 聞かないでよ。　▶ Don't ask.（答えたくないので）聞かないでください（Don't ask me. と言うと「私に聞かないでください。他の人に聞いてください」という意味になる）

(4) Have fun!（楽しんできて！）　A: サラと私は明日 USJ に行くの。　B: それはいいね。楽しんできて！　▶ Have fun. 楽しんできて（＝Enjoy yourself. / Have a good time.）

(5) Let's see.（ええと［たしか，そうですね］。）　A: このあたりに郵便局はありますか。　B: ええと。通りのつき当たりにあります。

▶ Let's see.（すぐに答えられず迷ったりして）ええと，たしか，そうですね（＝Let me see.）

3 >>> 1〜2語③

ポイント

● 多様な挨拶・応答の表現に慣れる

● 直前の SV を受けて短縮された疑問文のようにして返す応答表現がある

● 聞きたい情報を疑問詞のみで問い返すことがある

ドリル 1 2 3 4　　音声を聞いて，当てはまる英語を空所に書きましょう。

038
〜
042

☐ (1)　A: Can we meet at noon?

✎ B: ＿＿＿＿＿＿＿＿＿＿＿ ＿＿＿＿＿＿＿＿＿＿＿ .　I'll be in a

meeting from 11:00 to 12:30.

☐ (2)　A: If you have any trouble, ask Kate for help.

✎ B: ＿＿＿＿＿＿＿＿＿＿＿ ?　I don't think I've met her.

☐ (3)　A: I'd like to tell you something.

✎ B: ＿＿＿＿＿＿＿＿＿＿＿ ?　Is it anything serious?

☐ (4)　A: Sophie went out with her boyfriend this morning.

✎ B: ＿＿＿＿＿＿＿＿＿＿＿ ＿＿＿＿＿＿＿＿＿＿＿ ?　Where did they go?

☐ (5)　A: I've seen that movie before.

✎ B: ＿＿＿＿＿＿＿＿ ＿＿＿＿＿＿＿＿ ?　Let's watch something else, then.

解 答

(1) Probably not　A: 12 時に会える？　B: たぶん無理だね。11 時から 12 時 30 分まで会議があるん

だ。▶ Probably not. たぶんそうではないだろう，そうはならないだろう

(2) Who　A: もし何か困ったときは，ケイトに助けを求めなさい。　B: 誰？　私は彼女に会ったこと

がないと思う。

(3) What　A: 話したいことがあるの。　B: 何だい？　深刻なこと？

(4) Did she　A: ソフィーが今朝ボーイフレンドと出かけたわ。　B: そうなの？　どこに行ったんだ

い？ ▶ Did she? ＝ Did she go out with her boyfriend this morning?

(5) Have you　A: その映画は前に見たことがあるよ。　B: そうなの？　じゃあ何か別のを見よう。

▶ Have you? ＝ Have you seen that movie before?

Hints!

Why not? には，①「なぜそうしないのですか」，②「(誘いを受けたり，相手を誘ったりして) そうしましょう」という意味があります。また動詞の原形を続けて Why not *do*? とし，①「なぜ…しないのですか」，②「…してはいかがですか，…しましょう」という意味でも用いられます。

ドリル 1**2**3 4　音声を聞いて，当てはまる英語を空所に書きましょう。

043
〜
047

□(1)　A: You can't use that computer.

✎ B: _____? I'm using it for my assignment.

□(2)　A: Shall we go out for dinner tonight?

✎ B: _____? What time shall we meet?

□(3)　A: Emmie's husband is Russian.

✎ B: _____? How did they meet?

□(4)　A: I'm going to visit my parents this spring.

✎ B: _____? I bet they'll be happy.

□(5)　A: I can't go hiking with you guys.

✎ B: _____?

A: My mother isn't feeling well, so I want to take her to a hospital.

解答

(1) Why not　A: そのコンピュータを使ってはいけないよ。　B: どうしてだめなの？　課題のために使っているのよ。▶assignment 图 課題，宿題

(2) Why not　A: 今晩夕食を食べに出かけましょうか。　B: いいね。何時に待ち合わせる？

(3) Is he　A: エミーの結婚相手はロシア人なんだ。　B: そうなの？　どうやって知り合ったのかしら。
▶Is he? = Is he Russian?

(4) Are you　A: この春に両親のところに行く予定です。　B: そうですか。きっとお喜びになりますね。▶Are you? = Are you going to visit your parents this spring?／I bet SV　きっと…する，…するのは間違いない

(5) How come　A: みんなと山登りに行けないのです。　B: どうして？　A: 母の具合が悪くて，病院に連れて行こうと思っています。
▶How come のあとに文が続くときは平叙文の語順になる。[例] How come you can't come?　なぜ来られないのですか

Hints!

What's up? という疑問文は「どうしたの？，何があったの？」という意味の他に，しばしば，「元気？，変わったことはない？」という How are you doing? の意味で用いられます。

 音声を聞いて，当てはまる英語を空所に書きましょう。

048
〜
052

☐ **(1)**　A: I've got to go.　See you later.

　　🖉 B: OK. _____

☐ **(2)**　A: We've missed the bus!

　　🖉 B: _____ There's another one in five minutes.

☐ **(3)**　A: How about having dinner?

　　🖉 B: _____ I know a nice restaurant near here.

☐ **(4)**　A: Shall I tell him to call you back?

　　🖉 B: _____ I'll send him an email.

☐ **(5)**　🖉 A: Hey, Junko. _____

　　🖉 B: Hi, Harry. _____

解 答

(1) Take care.　A: もう行くね。それじゃまた。　B: わかった。気をつけて。
　▶ Take care.　気をつけて（別れ際のあいさつ）

(2) Never mind.　A: バスに乗り遅れたわ！　B: 大丈夫だよ。5分後にもう1台来るから。
　▶ Never mind.　気にしないで，大丈夫だ （×Don't mind.「ドンマイ」とは言わない）

(3) Sounds good.　A: 夕食でもどう？　B: いいね。この近くによいレストランを知っているよ。
　▶ Sounds good.　それはいい話だ （＝That sounds good.）

(4) Don't bother.　A: 彼に折り返し電話するように言いましょうか。　B: それには及びません。私から彼にメールを送ります。　▶ Don't bother.　それには及びません，そんなことわざわざしなくていいですよ

(5) What's up?, Nothing much.　A: やあ，ジュンコ。元気？　B: こんにちは，ハリー。相変わらずよ。　▶ Nothing much.　（近況を聞かれて）別に，大したことないよ （＝Not much.）

Hints!

相づちや確認のための質問は会話の流れをスムーズにするために欠かせないものです。場面を思い浮かべながら繰り返し聞いたり，声に出したりすることで，意味と発音を結びつけましょう。

ドリル 1 2 3 4 音声を聞いて，当てはまる英語とその日本語訳を空所に書きましょう。(3) と (4) は一連の会話です。

053

☐ (1)　A: Thank you for your help.

　　✎ B: _____　(　　　　　　　　)

☐ (2)　✎ A: Hi, John. _____　(　　　　　　　　)

　　✎ B: Hi, Linda. _____　(　　　　　　　　)

☐ (3)　A: Let's go to City Park.

　　✎ B: _____　(　　　　　　　　)

☐ (4)　A: Do you want to walk or rent a bicycle?

　　✎ B: _____　(　　　　　　　　)

　　　　I just want to get some fresh air.

☐ (5)　A: Could you tell me where ABC Stadium is?

　　　　B: Sorry. I don't know. I'm new here.

　　✎ A: Oh, _____?　(　　　　　　　　)

　　　　Well, _____.　(　　　　　　　　)

解 答

(1) Anytime.（どういたしまして。）　A: 手伝ってくれてありがとう。　B: どういたしまして。
　▶ Anytime. （お礼に対して）どういたしまして，いつでもどうぞ

(2) What's up?（元気［調子はどう］？），Not much.（相変わらずだ。）　A: こんにちは，ジョン。元気にしている？　B: やあ，リンダ。相変わらずだよ。　▶ Not much. （調子を聞かれて）相変わらずだ

(3) How?（どうやって行く［交通手段はどうする］？）　A: 市民公園に行こうよ。　B: どうやって行く？

(4) Either way.（どちらでもいいです。）　A: 歩こうか，それとも自転車を借りようか？　B: どちらでも。ただ新鮮な空気を吸いたいだけ。　▶ Either way. どちらの方法［道］でも結構です

(5) are you（そうですか。），thanks anyway（いずれにしてもありがとうございます。）　A: ABC スタジアムの場所を教えていただけますか。　B: ごめんなさい。わかりません。ここに引っ越してきたばかりなのです。　A: ああ，そうですか。まあ，いずれにしてもありがとうございます。
　▶ I'm new here. ここには来たばかりだ，ここでは新人だ／Are you? ＝ Are you new here?／Thanks anyway. とにかくありがとう

4 >>> 3語以上①

● 同意・不同意の表現では I hope so. と I hope not. など，短い語の聞き分けが重要

 音声を聞いて，当てはまる英語を空所に書きましょう。

054
〜
058

☐ (1)　A: Amy should have come to the party last night.

　　B: I _____ _____, too. She would have enjoyed it.

☐ (2)　A: I'm sure you'll pass the exam.

　　B: I _____ _____, but I'm not confident.

☐ (3)　A: Is your mother still in the hospital?

　　B: I'm _____ _____. She needs to be there for another week.

☐ (4)　A: Let's eat out for lunch.

　　B: That's _____ _____ _____. I'm starved.

☐ (5)　A: Do you think something bad could have happened to her?

　　B: I _____ _____. She must have forgotten her appointment.

解 答

(1) think so　A: エイミーは昨夜のパーティーに来ればよかったのに。　B: 僕もそう思う。きっと楽しんだだろうに。 ▶ should have *done* …すべきだったのに／would have *done* …しただろうに

(2) hope so　A: きっと試験に受かるよ。　B: そうだといいけど，自信がなくて。
　　▶ I hope so. 私もそう願う，そうだといいなと思う

(3) afraid so　A: あなたのお母さんはまだ入院中ですか。　B: そうなんです。あと1週間の入院が必要です。 ▶ I'm afraid so. 残念ながらそのようです

(4) a good idea　A: 昼食を食べに外に出よう。　B: それはいいわね。お腹がぺこぺこよ。
　　▶ That's a good idea. それはよい考えだ，賛成だ／be starved 非常に空腹だ

(5) hope not　A: 何かよくないことが彼女に起きたと思う？　B: そうじゃないといいな。きっと約束を忘れたにちがいないよ。 ▶ must have *done* …したにちがいない

Hints!

「私はそう思いません」と答える場合，I don't think so. と言います。通例 I think not. とは言いません。ただし，I hope not. / I'm afraid not. / I guess not. などは標準的な言い方です。

ドリル
1 **2** 3 4

音声を聞いて，当てはまる英語を空所に書きましょう。

059
〜
063

☐ (1)　A: Do you think it'll rain tomorrow?

✎ B: _____ . I'm playing tennis

with my classmates.

☐ (2)　A: It's so crowded!

✎ B: _____ . Usually, there are

more people than this on the platform.

☐ (3) ✎ A: Oh, you hit your head on the window? _____?

✎ B: _____ . I couldn't see the glass.

☐ (4)　A: Your family loves hamburgers.

✎ B: _____ . My brother goes

to In-N-Out every day.

☐ (5)　A: Has the 10:30 bus arrived yet?

✎ B: _____ . The traffic must be heavy.

解 答

(1) I hope not　A: 明日雨が降ると思う？　B: 降ってほしくないな。クラスメートとテニスをする予定なんだ。　▶ I hope not. = I hope (that) it will not rain tomorrow.

(2) I don't think so　A: すごく混んでいる！　B: そうでもないよ。普通はホームにこれよりもっと人がいるよ。　▶ crowded 形 混雑して／I don't think so. = I don't think (that) it's so crowded.／platform 名 (駅の) ホーム

(3) Are you OK, I guess so　A: ああ，窓に頭をぶつけましたね。大丈夫ですか。　B: たぶん大丈夫です。ガラスが見えなかったんです。　▶ I guess so. = I guess (that) I'm OK.

(4) No doubt about that　A: あなたの家族はハンバーガーが好きよね。　B: それは間違いないね。うちの兄 [弟] はインアンドアウトに毎日通っているよ。
　　▶ No doubt about that. = There is no doubt about that.／In-N-Out　インアンドアウト (アメリカのハンバーガーチェーン)

(5) I guess not　A: 10 時 30 分のバスはもう着いた？　B: たぶんまだだと思う。道路が渋滞しているにちがいないね。　▶ I guess not. = I guess (that) it has not arrived yet.

これらの会話特有の表現は簡単な応答や相づちとして用いられます。通例，そのあとに補足的な情報が続きます。

ドリル 3（1 2 **3** 4）　音声を聞いて，当てはまる英語を空所に書きましょう。(1) と (2) は一連の会話です。

064
〜
068

☐ (1)　A: Is this seat taken?

　　　B: _____

☐ (2)　A: Do you mind if I sit here?

　　　B: No, _____ .

☐ (3)　A: I lost the final match of the championship.

　　　B: _____ But second place is still great.

☐ (4)　A: Would you like some more coffee?

　　　B: _____

　　　_____

☐ (5)　A: There you are! I was beginning to worry.

　　　_____

　　　B: _____ The traffic was really bad.

解　答

(1) I don't think so.　A: この席は誰か座っていますか。　B: 座っていないと思いますよ。
　　▶ I don't think so. ＝I don't think this seat is taken.

(2) not at all　A: こちらに座ってもよろしいですか。　B: はい，もちろんです。　▶ Do you mind if ...? …するのは気にしますか，…してもいいですか（Not at all. などで応答すると「気にしません。どうぞ」という意味になる）

(3) Sorry to hear that.　A: 選手権大会の決勝戦で負けました。　B: それは残念でしたね。でも 2 位でもすごいですよ。　▶ (I'm) Sorry to hear that.　それを聞いて残念に思う，お気の毒です

(4) No, thank you., Just the bill, please.　A: コーヒーをもう少しいかがですか。　B: いいえ，結構です。お勘定をしていただけますか。　▶ bill 图 勘定書

(5) Is everything OK?, I'm sorry.　A: ああ，来たよ！　心配し始めていたんだ。万事大丈夫かい？
　　B: ごめんなさい。道路がとても混んでいたの。

Hints!

I wish I could. は相手の申し出などを断るときに用います。「そうできるといいのですが，残念ながらできないのです」というニュアンスを伝えます。

ドリル
123**4**

音声を聞いて，内容に合う日本語訳を選びましょう。

🔊
069

☐ **(1)** A: あきらめないで。事態はすぐに上向きになるよ。

B:［①必ずそうなるよ。／②そうなりそうもないよ。／③そうなってほしいよ。］

☐ **(2)** A: ジョンを見たと言いました？　本当ですね？

B:［①確かなことだとは言えません。／②間違いありません。／③そう聞きました。］

☐ **(3)** A: 健康によいことを何かしていますか。

B:［①特にしていません。／②全くしていません。／③いろいろやっています。］

☐ **(4)** A: 新しくできたカフェに今晩行きませんか。

B:［①行きたいのでぜひ行きましょう。／②残念ながら行きたくないのです。／③行きたいのですが，行けないのです。］

☐ **(5)** A: マイクは飲みすぎるよ。

B:［①私もそう思います。／②私はそうは思いません。／③そうでなければいいのですが。］

解 答

(1) ③　A: Don't give up. Things will get better soon.　B: I hope so.

▶ Things will get better. 事態はよくなるだろう／I hope so. ＝I hope (that) things will get better soon.

(2) ②　A: You said you saw John, didn't you? Are you really sure?　B: No doubt about it.

▶ Are you sure?　(あなたの言っていることは) 本当ですか，確かですか

(3) ①　A: Do you do anything good for your health?　B: Nothing in particular.

▶ Nothing in particular.　特に何もありません

(4) ③　A: Do you want to go to the new café this evening?　B: I wish I could.

▶ I wish I could.　そうできるといいのですが (できないのです)

(5) ①　A: Mike drinks too much.　B: I think so, too.

5 >>> 3 語以上②

ポイント

● 同意表現：相手の発話に合わせて「Sもそうだ」と応じる場合，So VS / Neither VS などの表現を用いる

● 買い物や注文の場面で使われる定型表現に慣れておく

 音声を聞いて，当てはまる英語を空所に書きましょう。

070
〜
074

☐ (1)　A: I'm hungry.

🖋 B: _____ _____ _____ .

☐ (2)　A: I like watching baseball.

🖋 B: _____ _____ _____ .

☐ (3)　A: I've been working all day, but I'm not so tired.

🖋 B: _____ _____ _____ .

☐ (4)　🖋 A: _____ _____ _____ _____ ?

　　　　B: Yes. I'm looking for something nice for my father.

☐ (5)　🖋 A: I'll take these. _____ _____

　　　　_____ _____ in total?

　　　　B: 53 dollars.

解答

(1) So am I　A: お腹がすいたな。　B: 私もです。　▶ So am I. ＝I'm hungry, too.

(2) So do I　A: 野球を見るのが好きなんです。　B: 私もです。　▶ So do I. ＝I like watching it, too.

(3) Neither am I　A: 1日中働いたけどそれほど疲れてはいない。　B: 私もです。
　　▶ Neither am I. ＝I'm not so tired, either.

(4) May I help you　A: ご用はございますか。　B: はい。父のために何かよいものがないかと探しているのです。　▶ May I help you? ご用はございますか，いらっしゃいませ（店員が客にかける言葉）

(5) How much are they　A: これらをいただきます。全部でいくらですか。　B: 53 ドルです。

Hints!

So VS「S もそうだ」, Neither VS「S もそうでない」の表現は, 相手の発話表現を利用して, その主語のみ変えて, 短縮して応答するものです。カジュアルな言い方としては, **2** で取り上げた Me too. や Me neither. があります。

ドリル **2** 3 4　音声を聞いて, 当てはまる英語を空所に書きましょう。

075
〜
079

☐ (1)　A: I caught a bad cold this winter.

✎ B: ＿＿＿＿＿＿＿＿＿＿＿＿＿＿＿＿＿＿＿＿＿＿ .

☐ (2)　A: I don't know how to fill out the form.

✎ B: ＿＿＿＿＿＿＿＿＿＿＿＿＿＿＿＿＿＿ . Let's ask someone.

☐ (3)　A: Amy isn't coming to the party this weekend.

✎ B: ＿＿＿＿＿＿＿＿＿＿＿＿＿＿＿＿＿＿＿＿＿＿ .

☐ (4)　A: May I help you?

✎ B: No, ＿＿＿＿＿＿＿＿＿＿＿＿＿＿＿＿＿＿＿ . Thank you.

☐ (5)　A: Could you show me the second one from the right?

✎ B: Sure. ＿＿＿＿＿＿＿＿＿＿＿＿＿＿＿＿＿＿ .

解 答

(1) So did I　A: この冬にはひどい風邪をひきました。　B: 私もです。

▶ So did I. = I caught a bad cold this winter, too.

(2) Neither do I　A: この書類の記入の仕方がわかりません。　B: 私もわかりません。誰かに聞きましょう。▶ fill out 〜　〜に記入する／Neither do I. = I don't know how to fill out the form, either.

(3) Neither is John　A: エイミーは今週末のパーティーに行かないよ。　B: ジョンも行かないよ。

▶ Neither is John. = John isn't coming to the party this weekend, either.

(4) I'm just looking　A: 何かお探しですか。　B: いいえ, ただ見ているだけです。ありがとう。

▶ I'm just looking.　ただ見ているだけだ

(5) Here it is　A: 右から 2 番目の商品を見せていただけますか。　B: かしこまりました。はいどうぞ。

Hints!

店員が客に商品を渡す際に用いる表現としては，Here it is. / Here you are. の他に，カジュ
アルな言い方として Here you go. / There you are. / There you go. などの表現もあります。

 音声を聞いて，当てはまる英語を空所に書きましょう。

080
〜
084

☐ (1)　A: I have lived in Tokyo since I was a child.

✎ B: ＿＿＿＿＿＿＿＿＿＿＿＿＿＿＿＿＿ Where in Tokyo do you live?

☐ (2)　A: I've never been to Hawaii.

✎ B: ＿＿＿＿＿＿＿＿＿＿＿＿＿＿＿＿＿＿, but I'm going there

with my family this summer.

☐ (3)　A: I can't play any musical instruments.

✎ B: ＿＿＿＿＿＿＿＿＿＿＿ ＿＿＿＿＿＿＿＿＿＿＿

☐ (4)　A: The total is 300 dollars.

✎ B: ＿＿＿＿＿＿＿＿＿＿＿＿＿＿＿＿＿

A: Sure.

✎ B: ＿＿＿＿＿＿＿＿＿＿＿＿＿＿＿＿＿

☐ (5)　✎ A: ＿＿＿＿＿＿＿＿＿＿＿ ＿＿＿＿＿＿＿＿＿＿＿

B: It's 20 dollars, including tax.

解 答

(1) So have I.　A: 子どものころから東京に住んでいます。　B: 私もです。東京のどこに住んでいま
すか。▶ So have I. ＝I have lived in Tokyo since I was a child, too.

(2) Neither have I　A: ハワイには行ったことがないのです。　B: 私も行ったことがないのですが，
この夏，家族と一緒に行く予定です。▶ Neither have I. ＝I've never been to Hawaii, either.

(3) Neither can I., I wish I could.　A: 楽器は何も演奏できません。　B: 私もです。できるといいの
ですが。▶ Neither can I. ＝I cannot play any musical instruments, either.

(4) Can I pay by credit card?, Here you are.　A: 合計 300 ドルになります。　B: クレジットカード
で払えますか。　A: もちろんです。　B: これでお願いします。▶ pay by credit card　クレジットカードで払う

(5) I'll take this., How much is it?　A: これをいただきます。いくらですか。　B: 税込みで 20 ド
ルです。▶ including 〜　〜を含めて

> **Hints!**
> 店員などとのやり取りに用いられる英語は定型表現化したものが多いので，文を丸ごと覚えてしまうとよいでしょう。

ドリル 1 2 3 **4** 音声を聞いて，内容に合う日本語訳を選びましょう。(5) は英語に合うよう日本語訳を書きましょう。

🔊 085

☐ (1) A: 今晩は外出できないのです。
　　　 B: [①私は外出したいです。 ／②私は外出します。 ／③私も外出できません。]

☐ (2) A: 動画を見るのが好きなのです。
　　　 B: [①私も好きです。 ／②私も好きでした。 ／③私は好きではありません。]

☐ (3) A: [①これをいただけますか。 ／②これを試着してもいいですか。 ／③値引きしていただけますか。]
　　　 B: もちろんです。

☐ (4) A: そのポスターをいただけますか。
　　　 B: [①こちらに来てください。 ／②あちらにあります。 ／③はい，どうぞ。]

☐ (5) ✏ A: _____
　　　 B: はい。本日のおすすめ料理をいただきたいです。

解 答

(1) ③　A: I can't go out tonight.　B: Neither can I.　▶ Neither can I. ＝ I can't go out tonight, either.

(2) ①　A: I like watching videos.　B: So do I.　▶ So do I. ＝ I like watching videos, too.

(3) ②　A: May I try this on?　B: Sure.　▶ try ～ on / try on ～　～を試着する

(4) ③　A: Can I have that poster, please?　B: Here you go.
　　▶ Here you go.（商品などを差し出して）はいどうぞ（＝ Here you are. / Here it is.）

(5) ご注文はお決まりですか。　A: Are you ready to order?　B: Yes. I'd like today's special.
　　▶ order 動 注文する

1 文の聞き取り（文法）

> ─文の骨格と修飾部分の聞き取り─

　この章では，文の主たる骨格をなす「**主語＋動詞＋目的語**」を意識して聞き取ることから始め，主語や目的語になる**名詞節**，名詞を修飾する**形容詞句・形容詞節**，そして動詞や文全体を修飾する**副詞句・副詞節**にそれぞれ聞き取りの焦点を合わせていきます。

1　主語の聞き取り　　　　　　　　　学習ページ ▶ 1. (p.30)

主語は原則として**文頭**に置かれます。疑問文では助動詞等のあとに置かれます。

例 **Did** your team win the game?　あなたのチームは試合に勝ちましたか。

主語の前に**副詞のまとまり**や**従属接続詞**などが置かれる場合もあります。

例 Every time I go to see him, **he** is out.　私が彼に会いに行くたびに，彼は外出している。

2　動詞の聞き取り①（時制と助動詞）　　学習ページ ▶ 2. (p.34)

原則として，時制は**動詞の形**によって決定します。

例 She usually **gets** up early, but she **got** up late this morning.
　　彼女はふだん早起きだが，今朝は遅く起きた。

動詞だけでなく，**時や頻度を表す副詞**などにも注意して時制を判断します。

例 I first **met** Susan five years ago.　5 年前に初めてスーザンに会った。

3　動詞の聞き取り②（肯定文と否定文）　学習ページ ▶ 3. (p.38)

通例，be 動詞は**弱く発音**されますが，否定の isn't や aren't などは**比較的明瞭に発音**されます。

例 Tim **isn't** in his office.　He**'s** driving home now.
　　ティムは会社にいません。今は車で帰宅中です。

no, few, little などは**名詞の直前**に置かれ，否定文を作ります。

例 There was **no conversation** in the car.　車の中で会話は全くなかった。

4　動詞・前置詞の目的語の聞き取り　　学習ページ ▶ 4. (p.42)

目的語の名詞句は**動詞や前置詞の直後**に置かれます。

例 We can't afford to keep <u>our car</u>, so we're selling <u>it</u>.
私たちは車を持ち続ける余裕がないので，売る予定だ。

give, send, lend のように**二重に目的語をとる動詞**もあります。

例 My mother gave <u>me a new bike</u> for my birthday.　母が誕生日に新しい自転車をくれた。

5　疑問詞の聞き取り　　学習ページ ▶ 5. (p.46)

疑問詞には**疑問代名詞**（who, what, which）と**疑問副詞**（where, when, how, why）があります。

例 <u>Who</u> is responsible for this department?　この部署は誰が責任者ですか。

例 <u>Where</u> did you find my glasses? I've been looking everywhere for them.
どこで私のメガネを見つけたのですか。あちこち探していたんですよ。

6　名詞節の聞き取り　　学習ページ ▶ 6. (p.50)

発話・説明（say, tell, explain など），**疑問**（ask, wonder など），**認識・理解**（know, understand, realize, notice など）を表す動詞は，しばしば目的語に that や疑問詞から始まる名詞節をとります。

例 Dave said <u>that he would go back to his country soon</u>.
デイヴは間もなく自分の国に戻るつもりだと言った。

7　形容詞句・形容詞節の聞き取り　　学習ページ ▶ 7. (p.54)

名詞は**関係詞節**によって後置修飾を受ける場合があります。また，**現在分詞**や**過去分詞**によって修飾される場合もあります。

例 The man <u>who was sitting next to me on the train</u> talked to me.
列車で隣の席に座っていた男性が話しかけてきた。（＝The man <u>sitting next to me on the train</u> talked to me.）

8　副詞句・副詞節の聞き取り　　学習ページ ▶ 8. (p.58)

原因・理由，**条件・譲歩**，**結果**，**様態**，**程度**などは副詞句や副詞節によって表現されます。

例 We went out <u>although it was raining heavily</u>.
激しい雨が降っていたが外出した。（＝We went out <u>despite the heavy rain</u>.）

1 ›››　主語の聞き取り

ポイント

● I, you, we, he, she, it, they などの代名詞は弱く発音される
● 冠詞の a や the は弱く発音される

ドリル 1 2 3 4　音声を聞いて，当てはまる英語を空所に書きましょう。

094
〜
098

☐ (1) ✎ _____ called the police immediately, but

_____ have not arrived yet.

☐ (2) ✎ _____ _____ is playing outside alone.

☐ (3) ✎ Last year _____ _____ went skiing in Zao.

☐ (4) ✎ If _____ _____ hurts again, don't hesitate to call me.

☐ (5) ✎ Every time _____ _____

approaches the dog, _____ barks.

解 答

(1) I, they　私は警察にすぐ電話をしましたが，彼らはまだ到着していません。

(2) The child　その子は外でひとりで遊んでいます。

(3) our family　昨年私たち家族は蔵王にスキーに行った。

(4) your arm　腕がまた痛むようなら遠慮せず電話してください。▶hurt 動 痛む

(5) a stranger, it　見知らぬ人が近づいてくるたびにその犬は吠える。▶bark 動 吠える

Hints!

平叙文における I, you, we, he, she, it, they などの代名詞の主語は，動詞の直前で弱く発音され，動詞にくっつき，動詞とひとまとまりのように聞こえます。

ドリル 1 2 3 4　音声を聞いて，当てはまる英語を空所に書きましょう。

099～103

☐ (1) ＿＿＿＿＿＿＿＿＿＿＿＿＿ the police immediately.

☐ (2) What ＿＿＿＿＿＿＿＿＿＿＿＿＿ doing then?

☐ (3) ＿＿＿＿＿＿＿＿＿＿＿＿＿ stayed up all night.

☐ (4) If ＿＿＿＿＿＿＿＿＿＿＿＿＿ hurts again, feel free to call me.

☐ (5) ＿＿＿＿＿＿＿＿＿＿＿＿＿ close friends helped me with the assignment.

解 答

(1) I called　私はすぐに警察に電話した。

(2) were the children　そのとき子供たちは何をしていましたか。

(3) Yesterday we　昨日私たちは一晩中起きていた。

(4) your knee　膝がまた痛んだら，遠慮なく電話をください。▶knee 图 膝

(5) One of my　親友の一人が宿題を手伝ってくれた。▶assignment 图 課題，宿題

固有名詞は次の出現で代名詞に言い換えられます。代名詞は通例弱く発音されるので，男女や単複の区別に注意しながら正確に文脈を追いましょう。

 音声を聞いて，当てはまる英語を空所に書きましょう。

104
〜
108

☐ (1)　A: Have you called Dr. Smith?

　　　B: Yes, _____ .

☐ (2)　A: _____

　　　B: They are playing outside.

☐ (3)　A: _____

　　　B: Yeah, she needs glasses.

☐ (4)　A: _____

　　　B: Thank you, doctor. I will.

☐ (5)　A: Did you do your assignment on your own?

　　　B: _____

解　答

(1) but she wasn't in her office　A: スミス先生に電話した？　B: うん，でも先生は医院にいなかったんだ。

(2) What are the children doing now?　A: 子供たちは今何をしているの？　B: 外で遊んでいるわ。

(3) Her eyesight isn't very good.　A: 彼女の視力はあまりよくないね。　B: そうね，彼女はメガネが必要ね。　▶ eyesight 图 視力

(4) If your leg hurts again, tell me, please.　A: また足が痛むようなら言ってください。　B: ありがとうございます，先生。そうします。

(5) To be honest, a friend of mine helped me with it.　A: 宿題はあなた一人でやったの？　B: 実を言うと，友だちが手伝ってくれたんです。　▶ on one's own　自分一人で／to be honest　正直に言うと，実は

Hints!
接続詞などを用いることによって主語と動詞の関係が連続して現れる場合があるので，「誰が
どうした／何がどうした」という組み合わせを正確にとらえられるよう，意識して聞き取りま
しょう。

 音声を聞いて，内容に合う日本語訳を選びましょう。(5) は英語に
合うよう日本語訳を書きましょう。
109

☐ **(1)** スタッフは，［①彼は／②彼女は／③彼らは］会議に出席中だと言った。

☐ **(2)** その子はひとりで遊んでいます。［①彼は／②彼女は／③彼らは］安全でしょうか。

☐ **(3)** もしまた［①腕が／②膝が／③足が］痛んだら言ってください。

☐ **(4)** ① 彼が電話をかけてくるときは，いつも私は出かけている。
② 私が電話をかけるといつも彼は出かけている。

☐ **(5)** ✎ _____

解 答

(1) ② The staff said she was in a meeting.
(2) ① The child is playing alone. Is he safe?
(3) ② If your knee hurts again, please tell me.
(4) ② Every time I call, he's out.
(5) ダニエルは姉［妹］を見ると木の陰に隠れた。　When he saw his sister, Daniel hid behind a
tree.
▶hide-hid-hidden 動 隠れる／副詞節内の主語の代名詞 he は主節の主語 Daniel を指す。

2 ⟩⟩⟩ 動詞の聞き取り①（時制と助動詞）

ポイント

- ● be 動詞や ing の音は強く発音されない
- ● 時や頻度を表す副詞にも注意する
- ● 現在完了の have や has は短縮形となって主語と一体化することが多い
- ● 〈助動詞＋have＋過去分詞〉の発音と意味に慣れる

ドリル 1 2 3 4　音声を聞いて，当てはまる英語を空所に書きましょう。

🔊 110 ～ 114

□(1) ✎ She usually _____ home.

□(2) ✎ She _____ home yesterday.

□(3) ✎ _____ already _____ 50 pages.

□(4) ✎ That _____ _____ the case.

□(5) ✎ That _____ _____ _____
exciting.

解 答

(1) stays　彼女はたいてい家にいます。

(2) stayed　彼女は昨日，家にいました。

(3) He's, read　彼はもう 50 ページ読んでしまった。

(4) must be　それは事実にちがいありません。　▶ *be* the case　（S が）実情だ，事実だ

(5) must have been　それは盛り上がったにちがいありません。　▶ must have *done* …したにちがいない

Hints!

〈助動詞＋have＋過去分詞〉は助動詞とhaveが一体化して，might have, must have, could have, would have, should have がそれぞれ「マイタヴ，マスタヴ，クッダヴ，ウッダヴ，シュッダヴ」のように聞こえることがあるので注意が必要です。

ドリル 1 **2** 3 4 音声を聞いて，当てはまる英語を空所に書きましょう。

115〜119

□ (1) Rachel _____ home all day yesterday.

□ (2) Alex _____ in the office this time tomorrow.

□ (3) He's _____ the same book for four hours.

□ (4) Unfortunately, that _____ the case.

□ (5) John left at five, so he _____ by now, shouldn't he?

解 答

(1) stayed　レイチェルは昨日，一日中家にいました。

(2) will be working　アレックスは明日の今ごろはオフィスで仕事をしているでしょう。

(3) been reading　彼は同じ本を 4 時間読んでいます。

(4) might have been　残念ながら，それは事実だったのかもしれません。▶ unfortunately 副 残念ながら

(5) should have arrived　ジョンは 5 時に出たので，もう着いているはずですよね？
　　▶ should have *done*　もう…しているはずだ，…するべきだったのに

Hints!

I'll や He's などの短縮形がしばしば用いられるので注意が必要です。He's や She's は He <u>is</u>, She <u>is</u> の場合と He <u>has</u>, She <u>has</u> の場合があるので，直後に続く語と合わせて聞き取るようにします。

 音声を聞いて，当てはまる英語を空所に書きましょう。

120
〜
124

□ (1)　A: What did you do yesterday?

　　　B: _____

□ (2)　A: When will you read the book?

　　　B: _____

□ (3)　A: How many hours has Alex been reading the same book?

　　　B: _____

□ (4)　A: I heard there was a good chance of seeing whales from the beach.

　　　B: _____

□ (5)　A: I went to the stadium to see the championship.

　　　B: _____

解 答

(1) I worked from home all day.　A: 昨日は何をしていたの？　B: 一日中在宅で仕事をしていたわ。
　　▶ work from home　在宅勤務する

(2) I'll read it just before going to bed.　A: その本はいつ読む？　B: 寝る直前に読むつもりだよ。

(3) He's been reading it for four hours.　A: アレックスは同じ本を何時間読んでいるのかしら？
　　B: 4 時間読んでいるね。

(4) I've been looking forward to seeing them.　A: 海岸からクジラが見える可能性が結構あるそうね。　B: クジラを見ることを楽しみにしていたんだ。

(5) That must have been exciting.　A: 決勝戦を見にスタジアムに行ってきたよ。　B: 盛り上がったんでしょうね。

Hints!

時制の把握は動詞だけに頼るのではなく，時を表す副詞など前後の語句にも注意を払う必要があります。

音声を聞いて，内容に合う日本語訳を選びましょう。(5) は英語に合うよう日本語訳を書きましょう。

 125

☐ (1) ウィリアムはその映画を映画館で［①見る／②見た／③見るつもりだ］。

☐ (2) レイチェルは週末は家に［①いる／②いた／③いるつもりだ］。

☐ (3) トムは私が家に帰ったとき宿題を［①していなかった／②するところだった／③し終わっていた］。

☐ (4) それはたいていの生徒にとって［①わくわくすることだった／②わくわくすることだろう／③わくわくすることではない］。

☐ (5) ✎ _____

解 答

(1) ② William saw that movie at the cinema.
(2) ① Rachel stays home on weekends.
(3) ③ Tom had done his homework when I got home.
(4) ② That'll be exciting for most of the students.
(5) 私はタクシーで財布を落としたにちがいない。　I must have dropped my wallet in the taxi.

3 >>> 動詞の聞き取り②（肯定文と否定文）

ポイント

- is と isn't，are と aren't：is，are は isn't，aren't に比べて短く弱く発音される
- can と can't：動詞の前に置かれる場合，can は can't に比べて短く弱く（「クン」のように）発音される。（ただし文末では，can は「キャン」とはっきり発音される）
- not の t の発音は脱落して聞こえないことも多い
- no[few / little] ＋ 名詞や none，nothing，nobody，neither などの否定表現に注意する

 音声を聞いて，当てはまる英語を空所に書きましょう。
126〜130

□(1) ✎ It _____ raining now.

□(2) ✎ It _____ raining now.

□(3) ✎ You _____ come in.

□(4) ✎ You _____ come in.

□(5) ✎ _____ of the shops were open.

解答

(1) isn't　今雨は降っていない。

(2) is　今雨が降っている。

(3) can　入っていいですよ。

(4) can't　入ってはいけません。

(5) None　店はどこも開いていなかった。

Hints!

canとcan'tの発音上の違いはtの有無だけではありません。肯定文のcanではあとに続く動詞のほうを強調し，canは「クン」のように短く弱く発音されますが，否定文のcan'tの場合は「キャン（ト)」のように比較的はっきり発音されます。

ドリル
1 **2** 3 4
音声を聞いて，当てはまる英語を空所に書きましょう。

🔊
131
〜
135

☐ (1) ✏ The phone _____ ringing since this morning.
We've had no time to rest.

☐ (2) ✏ You _____ come to the party in casual clothes.

☐ (3) ✏ My husband _____ speak French, but my
daughter _____ .

☐ (4) ✏ I didn't believe that story, and _____ .

☐ (5) ✏ Our parents had _____ free time last month,
but they _____ so busy this month.

解 答

(1) hasn't stopped　今朝から電話が鳴りやまない。休む暇がない。 ▶ring 動 （電話が）鳴る

(2) can　パーティーへはカジュアルな服装でお越しいただけます。

(3) can't, can　夫はフランス語を話せませんが，娘は話せます。

(4) neither did he　私はその話を信じなかったし，彼も信じなかった。
　　▶〈neither＋助動詞＋主語〉 〜もまたそうでない（前言の否定文の反復を表す） ▶①-5 p.24

(5) little, aren't　先月両親は自由になる時間がほとんどありませんでしたが，今月はそれほど忙しくありません。

Hints!

肯定文における can はあまり強く発音されませんが，can が文末にくる場合には，「キャン」のようにはっきりと発音されます。

 英語を聞いて，当てはまる英語を空所に書きましょう。

136
〜
140

☐ **(1)**　A: How is the weather now?

✎ B: ＿＿＿＿＿＿＿＿＿＿＿＿＿＿＿＿＿＿＿＿＿＿＿＿＿＿＿

☐ **(2)**　A: Do we have to wear formal clothes to the party?

✎ B: Yes, you do. ＿＿＿＿＿＿＿＿＿＿＿＿＿＿＿＿＿＿＿＿＿

☐ **(3)**　A: Don't be late for the meeting.

✎ B: ＿＿＿＿＿＿＿＿＿＿＿＿＿＿＿＿＿＿＿＿＿＿＿＿＿＿＿

☐ **(4)**　A: How did you get to the village?

✎ B: ＿＿＿＿＿＿＿＿＿＿＿＿＿＿＿＿＿＿＿＿＿＿＿＿＿＿＿，

so we took a taxi.

☐ **(5)**　A: You seem to be very busy.

✎ B: ＿＿＿＿＿＿＿＿＿＿＿＿＿＿＿＿＿＿＿＿＿＿＿＿＿＿＿

解　答

(1) It isn't raining anymore.　A: 今天気はどうかしら？　B: もう雨は降っていないよ。

(2) You can't come in casual clothes.　A: パーティーにはフォーマルな服装で行く必要がありますか。　B: ええ。カジュアルな服装で来ていただくことはできません。

(3) I'll get there as early as I can.　A: 会議に遅れないでね。　B: できるだけ早く行くよ。
　　▶ as ～ as S can　できる限り～

(4) There was no bus service from the terminal　A: その村までどうやって行ったの？　B: 終着駅からバスの便がなかったので，タクシーに乗ったよ。　▶ terminal 图 終着駅

(5) I have little free time these days.　A: とても忙しそうだね。　B: 最近ほとんど自由になる時間がないの。

Hints!

聞こえた英文だけで意味を理解しようとせず，文脈からおよその意味を推測できるようにしましょう。

ドリル 1 2 3 4 音声を聞いて，英語に合うよう日本語訳を書きましょう。

141

☐ (1) ✎ 家にいましょう。＿＿＿＿＿＿＿＿＿＿＿＿＿＿＿＿＿＿＿＿＿＿＿＿

☐ (2) ✎ まだ準備ができていません。＿＿＿＿＿＿＿＿＿＿＿＿＿＿＿＿＿＿

☐ (3) ✎ ＿＿＿＿＿＿＿＿＿＿＿＿＿＿＿＿＿＿＿ 彼にはほとんどファンがいない。

☐ (4) ✎ 夫は長年パリに住んでいますが，＿＿＿＿＿＿＿＿＿＿＿＿＿＿＿＿。

☐ (5) ✎ 私はとても遅い時間に到着した。＿＿＿＿＿＿＿＿＿＿＿＿＿＿＿＿

解 答

(1) まだ雨がやんでいません。 Let's stay home. It hasn't stopped raining yet.

(2) 中に入ることはできません。 We are still not ready. You can't come in.

(3) その俳優はあまり人気がない。 That actor isn't very popular. He has few fans.

(4) 彼はフランス語をあまり上手に話せません My husband has lived in Paris for years, but he can't speak French very well.

(5) お店はどこも開いていなかった。 I arrived very late. None of the shops were open.

4 >>> 動詞・前置詞の目的語の聞き取り

ポイント

- 目的語の名詞句は動詞や前置詞の直後に置かれ，「〜に／〜を」などの意味を表す
- me, you, us, him, her, them, it などの代名詞は短く弱く発音される
- 目的語を二重にとる構文に注意する
- 動名詞句，to 不定詞句，that 節，疑問詞節などを目的語としてとる動詞もある

ドリル 1 2 3 4 音声を聞いて，当てはまる英語を空所に書きましょう。

142 ～ 146

☐ (1) ✎ I left my _____ on the train this morning.

☐ (2) ✎ Be careful. Watch your _____ .

☐ (3) ✎ She gave _____ a nice _____ on

my birthday.

☐ (4) ✎ It takes about _____ _____ to walk

to the bus stop from here.

☐ (5) ✎ Could you write _____ _____

_____ _____ here?

解答

(1) glasses　今朝電車にメガネを置き忘れてしまった。

(2) step　注意してください。足元をよく見てください。 ▶ Watch your step.　足元に注意してください

(3) me, tie　彼女は私の誕生日にすてきなネクタイをくれた。

(4) ten minutes　ここからそのバス停まで歩いておよそ 10 分かかります。

(5) your student ID number　ここに学籍番号をお書きいただけますか。

Hints!

目的格の人称代名詞（him, her, me, them など）は動詞や前置詞の直後に置かれますが，通例，人称代名詞がはっきりとした1音節の音のイメージで発音されることはなく，動詞や前置詞と一体化し，弱く発音されます。例えば，take it は「テイキッ」，with him は「ウィズィ（ム）」のようになります。

ドリル 2（1 **2** 3 4）　音声を聞いて，当てはまる英語を空所に書きましょう。

147〜151

☐ (1) ✎ Alice realized that she had left ＿＿＿＿＿＿＿＿＿＿＿＿ on the bus.

☐ (2) ✎ It took ＿＿＿＿＿＿＿＿＿ about ＿＿＿＿＿＿＿＿＿ minutes to walk to the shrine.

☐ (3) ✎ I'm looking for Daniel. Have you seen ＿＿＿＿＿＿＿＿＿＿＿?

☐ (4) ✎ Watch your ＿＿＿＿＿＿＿＿＿. Don't speak to ＿＿＿＿＿＿＿＿＿＿ like that.

☐ (5) ✎ I have no idea ＿＿＿＿＿＿＿＿＿＿＿＿＿＿.

解答

(1) her phone　アリスはバスに携帯電話を忘れてしまったことに気づいた。

(2) me, fifty　その神社まで私は歩いて50分ほどかかった。

(3) him　ダニエルを探しています。彼を見かけましたか。　▶通例，Daniel は男性，Danielle は女性の名を表す。

(4) mouth, your parents　言葉遣いに注意しなさい。両親にそのような口の利き方をしてはいけません。　▶Watch your mouth.　言葉遣いに注意しなさい

(5) where he is　彼がどこにいるかわかりません。

Hints!

数値の聞き取りには慣れが必要です。まず，さまざまな数値を正確に発音できるようにし，音声イメージと数値のイメージが結びつくまで反復練習しましょう。(▶ ❸-7 p.88)

 音声を聞いて，当てはまる英語を空所に書きましょう。

152
〜
156

□(1)　A: Didn't you take your umbrella with you this morning?

　　　B: Yes, but _____ .

□(2)　A: How long does it take to get to your school?

　　　B: _____

□(3)　A: Could you tell me how to fill out the form?

　　　B: _____

□(4)　A: What does the sign say?

　　　B: _____

□(5)　A: _____

　　　B: It's easy. _____

解 答

(1) I must have left it on the train　A: 今朝傘を持って行かなかった？　B: 持って行ったんだけど，電車に忘れてしまったようなんだ。 ▶ must have *done* …したにちがいない

(2) It takes 25 minutes by bike.　A: 学校まではどのくらいかかりますか。　B: 自転車で 25 分です。

(3) First, write your name and address here.　A: 書類の記入の仕方を教えていただけますか。
B: まず，ここにお名前と住所をお書きください。

(4) It says "Watch your head."　A: その標識には何て書いてあるの？　B:『頭上注意』と書いてあるわ。 ▶ say 動 (看板などに)～と書いてある／Watch your head. 頭上に注意しなさい

(5) I don't know how to use this machine., I'll show you.　A: この機械の使い方がわからないわ。
B: 簡単だよ。教えてあげる。

Hints!

固有名詞は次の出現でしばしば代名詞に言い換えられます。男女や単複の区別に注意しながら，強勢が置かれず弱く発音される代名詞を正確に聞き取りましょう。

 音声を聞いて，内容に合う日本語訳を選びましょう。(5) は英語に合うよう日本語訳を書きましょう。 157

□ (1) マイクは［①電車にかばんを／②バスにメガネを／③バスにかばんを］忘れたことに気がついた。

□ (2) 私は学校まで歩いて［① 15 分／② 25 分／③ 50 分］くらいかかります。

□ (3) ダニエルを探しています。［①彼を／②彼女を］見かけませんでしたか。

□ (4) 次に［①どこに行くべきか／②それをどうするのか／③何をするべきか］全くわかりません。

□ (5) 🖉 _____

解 答

(1) ② Mike realized that he had left his glasses on the bus.

(2) ① It takes me about 15 minutes to walk to school.

(3) ② I'm looking for Danielle. Have you seen her?

(4) ③ I don't have any idea what to do next.

　　▶ I don't have any idea (＝I have no idea)「私は（～を）全く知らない」は直後に疑問詞節などの目的語をとることができる。

(5) 足元に注意しなさい。　Watch your step.

5 >>> 疑問詞の聞き取り

ポイント

- 疑問詞には疑問代名詞（who, what, which）と疑問副詞（where, when, how, why）がある
- 疑問代名詞は主語や目的語の名詞句に当たる部分を尋ねるときに用いられる
- 疑問副詞は場所，時，方法，理由などの副詞句に当たる部分を尋ねるのに用いられる
- 疑問詞は通例，文頭や節頭で用いられる

ドリル 1 2 3 4　音声を聞いて，当てはまる英語を空所に書きましょう。

158
〜
162

☐(1) A: _____ can I ask?

B: You can ask the manager.

☐(2) A: _____ do you do for a living?

B: I run a small restaurant.

☐(3) A: _____ _____ goes to the airport?

B: The number three and four.

☐(4) A: _____ will you leave?

B: Tomorrow morning.

☐(5) A: _____ _____ people will come to the party?

B: About 30.

解答

(1) Who　A: 誰に尋ねればいいですか。　B: 支配人に尋ねることができます。

(2) What　A: あなたの職業は何ですか。　B: 小さなレストランを経営しています。
　　▶ What do you do (for a living)? は相手の職業を聞くときの定型表現。

(3) Which bus　A: 空港へはどのバスが行きますか。　B: 3番と4番です。

(4) When　A: あなたはいつ出発しますか。　B: 明日の朝です。

(5) How many　A: パーティーには何人来ますか。　B: およそ30人です。

Hints!

What do you do? は職業や身分を尋ねる表現ですが，What are you doing? は「今の時点で何をしているか」を尋ねる表現です。しっかりと聞き分けましょう。

ドリル 2 音声を聞いて，当てはまる英語を空所に書きましょう。

163
〜
167

☐ (1) A: _____ you the story?

　　　 B: Mike did.

☐ (2) A: _____ your sister do?

　　　 B: She is an elementary school teacher.

☐ (3) A: _____ you buy the watch?

　　　 B: At an online shop.

☐ (4) A: _____ I get to the airport?

　　　 B: Take the Limousine Bus.

☐ (5) A: _____ you come to the party?

　　　 B: My car broke down.

解答

(1) Who told　A: 誰があなたにその話をしたんですか。　B: マイクです。

(2) What does　A: お姉さん［妹さん］の職業は何ですか。　B: 小学校の教師です。

(3) Where did　A: その時計をどこで買いましたか。　B: オンラインショップです。

(4) How should　A: 空港までどうやって行けばいいですか。　B: リムジンバスに乗ってください。

(5) Why didn't　A: なぜパーティーに来なかったのですか。　B: 車が故障したんです。

Hints!

How は単独では「どのようにして〜か」という意味を表し，（交通）手段や方法・様態を尋ねるのに用いますが，〈How＋形容詞・副詞〉は「どのくらい〜か，どの程度〜か」という意味を表し，形容詞や副詞で表される意味の数量や程度を尋ねる表現です。

音声を聞いて，当てはまる英語を空所に書きましょう。

168 ～ 172

☐ (1) ✎ A: ＿＿＿＿＿＿＿＿＿＿＿＿＿＿＿＿＿＿＿＿＿＿＿＿＿＿＿＿＿

B: I heard there was a car accident around that corner.

☐ (2) ✎ A: ＿＿＿＿＿＿＿＿＿＿＿＿＿＿＿＿＿＿＿＿＿＿＿＿＿＿＿＿＿

B: Yokohama.

☐ (3) ✎ A: ＿＿＿＿＿＿＿＿＿＿＿＿＿＿＿＿＿＿＿＿＿＿＿＿＿＿＿＿＿

B: I think it's B.

☐ (4) ✎ A: ＿＿＿＿＿＿＿＿＿＿＿＿＿＿＿＿＿＿＿＿＿＿＿＿＿＿＿＿＿

B: I think it was in the early 19th century.

☐ (5) ✎ A: ＿＿＿＿＿＿＿＿＿＿＿＿＿＿＿＿＿＿＿＿＿＿＿＿＿＿＿＿＿

B: About one million.

解 答

(1) Do you know what happened yesterday?　A: 昨日何が起きたか知っていますか。　B: そこの角で自動車事故があったそうです。

(2) Where was your father born?　A: あなたのお父さんはどこで生まれましたか。　B: 横浜です。

(3) Which is the most suitable answer?　A: 最も適切な答えはどれですか。　B: B だと思います。
　　▶suitable 形 適切な

(4) When was the first computer invented?　A: 最初のコンピュータが発明されたのはいつですか。
　　B: 19 世紀前半だと思います。　▶invent 動 〜を発明する

(5) How many books does this library have?　A: この図書館には何冊の本がありますか。　B: およそ 100 万冊です。

Hints!

Why don't you *do*? は「なぜ…しないのか」と理由を聞いている場合と，「…してはどうですか」のように勧誘や提案を表す場合があります。会話では後者の場合が多く，ときに Why not *do*? のようになることもあります。

音声を聞いて，内容に合う日本語訳を選びましょう。

173

- □ (1) ① あなたのお母さんに話しかけているのは誰ですか。
  - ② あなたのお母さんは誰に話しかけていますか。

- □ (2) ① あなたのお父さんは何をしているところですか。
  - ② あなたのお父さんの職業は何ですか。

- □ (3) ① スタジアムに行くにはどの列車に乗ればよいですか。
  - ② スタジアム行きの列車はどこから発車しますか。

- □ (4) ① 一緒にいらっしゃいませんか。
  - ② あなたはなぜ私たちと一緒に来なかったのですか。

- □ (5) ① 中国語を上手に話せるようになるにはどうすればいいですか。
  - ② あなたはなぜそんなに上手に中国語が話せるのですか。

解答

(1) ②　Who is your mother speaking to?

(2) ①　What is your father doing?

(3) ①　Which train do I have to take to go to the stadium?

(4) ②　Why didn't you come with us?

(5) ②　How come you speak Chinese so well?　▶ How come ...?　なぜ…か　come の後ろは平叙文の語順。

6 ›› 名詞節の聞き取り

ポイント

- 発話・説明（say, tell, explain），疑問（ask, wonder），認識・理解（know, understand, realize, notice）などを表す動詞は目的語に that 節や疑問詞節をとることが多い
- 2組以上出てくる主語と動詞の組み合わせを正確に聞き分ける
- 名詞節内の時制に注意する
- What surprised [impressed / disappointed] me (most) was ...「私が（最も）驚いた［印象的だった／がっかりした］のは…だった」という表現に慣れる

ドリル 1 234　音声を聞いて，当てはまる英語を空所に書きましょう。

174
〜
178

☐ (1) ✎ _____ said _____ couldn't do that.

☐ (2) ✎ _____ said _____ couldn't do that.

☐ (3) ✎ Michael said that _____ _____ go back to his country soon.

☐ (4) ✎ She _____ me _____ I had finished my homework.

☐ (5) ✎ Do you know _____ _____ has gone?

解 答

(1) He, I　彼は私がそれをすることはできないと言った。

(2) I, he　私は彼がそれをすることはできないと言った。

(3) he would　マイケルはすぐに自分の国に戻るつもりだと言った。

(4) asked, if　彼女は私が宿題を終えたかどうか尋ねた。

(5) where she　彼女がどこに行ったのか知っていますか。

Hints!

say, tell, know, ask などの動詞には目的語として that 節や疑問詞節が続くことを予測します。SV の組み合わせが 2 度以上出てくるので，混乱することなく正確に聞き取る必要があります。

ドリル
1 **2** 3 4　音声を聞いて，当てはまる英語を空所に書きましょう。

179
〜
183

□ (1) Steve said that _____ enjoying his job.

□ (2) Michael told me _____
already done his homework.

□ (3) Do you know _____ come
back?

□ (4) Kathy asked me _____ Frank.

□ (5) _____ most was how cheap
everything was.

解 答

(1) he was　スティーヴは仕事を楽しんでいると言った。

(2) that he had　マイケルはすでに宿題を済ませたと私に言った。

(3) when she will　彼女がいつ戻ってくるか知っていますか。

(4) if I had seen　キャシーは私にフランクを見かけたかと尋ねた。

(5) What impressed me　最も印象的だったのはすべてのものがいかに安いかということだった。

名詞節を導く that は省略されることが多いので，リスニングにおいては that は聞こえないものと思っておくとよいでしょう。

 音声を聞いて，当てはまる英語を空所に書きましょう。

184
〜
188

☐ (1)　A: Sarah says that she isn't coming to the party.

　　　B: Does she? Last week _____.

☐ (2)　A: That restaurant wasn't so good.

　　　B: Really? _____

☐ (3)　A: _____

　　　B: I have no idea.

☐ (4)　A: What did he say to you?

　　　B: _____

_____

☐ (5)　A: How was your trip?

　　　B: _____

_____

解 答

(1) you said she was coming　A: サラはパーティーに来ないって言っているよ。　B: そうなの？あなたは先週，彼女は来るって言ったわよね。

(2) I heard it was excellent.　A: あのレストランはそれほどよくなかったよ。　B: 本当？　すばらしいって聞いたけど。

(3) Do you know where he has gone?　A: 彼がどこに行ったか知らない？　B: 見当もつかないよ。

(4) He told me that he would go back to his country soon.　A: 彼，君に何て言ったんだい？B: すぐに自分の国に帰るつもりだって言っていたわ。

(5) What impressed me most was how kind everyone was.　A: 旅行はどうだった？　B: 一番印象的だったのはみんなとても親切だったということだね。

189

Hints!

主節の動詞の時制と名詞節内の動詞の時制にずれがあることも多いので注意しましょう。主節が過去形になると目的語の名詞節も過去形（または過去完了形）になります。

ドリル
123 **4**

音声を聞いて，内容に合う日本語訳を選びましょう。(4)・(5) は英語に合うよう日本語訳を書きましょう。

☐ **(1)**［①彼は私が／②私は彼が］それをできないと言った。

☐ **(2)** レイチェルは車が［①故障する／②故障した］と言った。

☐ **(3)** 彼女は私に［①会議に出席したかどうか／②会議に出席するかどうか］尋ねた。

☐ **(4)** ✎ _____

☐ **(5)** ✎ _____

_____

解答

(1) ①　He said I couldn't do that.

(2) ②　Rachel said that her car had broken down.　▶ break down　（乗り物などが）故障する

(3) ②　She asked me if I was going to attend the meeting.

(4) パーティーには何人来るのだろう。　I wonder how many people will come to the party.

(5) 私が最も印象的だったのはその国がとてもきれいだったということだ。　What impressed me most was how clean the country was.

7 >>> 形容詞句・形容詞節の聞き取り

ポイント

- 関係代名詞や関係副詞に注意して名詞の後置修飾を聞き取る
- 後置修飾を伴う長い主語には，動詞の前で音声上の休止が置かれることが多い
- be 動詞を伴わない現在分詞や過去分詞は，直前の名詞を修飾または叙述している

ドリル 1 2 3 4　音声を聞いて，当てはまる英語を空所に書きましょう。

190
～
194

☐ (1) The woman ＿＿＿＿＿＿＿＿ ＿＿＿＿＿＿＿＿ injured in the accident is in the hospital now.

☐ (2) Do you know ＿＿＿＿＿＿＿＿ ＿＿＿＿＿＿＿＿ can speak Chinese?

☐ (3) We live in a world ＿＿＿＿＿＿＿＿ ＿＿＿＿＿＿＿＿ changing rapidly.

☐ (4) The man ＿＿＿＿＿＿＿＿ next to me on the plane talked to me.

☐ (5) Steve showed me some pictures ＿＿＿＿＿＿＿＿ by his uncle.

解答

(1) who was　その事故でけがをした女性は今入院している。
(2) anyone who　誰か中国語を話せる人を知っていますか。
(3) that is　私たちは急速に変わりゆく世界で生きている。
(4) sitting　飛行機で隣に座っていた男性が私に話しかけてきた。
(5) painted　スティーヴは彼のおじが描いた絵を何枚か見せてくれた。

Hints!

修飾される名詞（＝先行詞）と修飾語の間に音声上の休止はほとんどありません。〈先行詞＋後置修飾語句＝長い名詞句〉となって発音上では一体化します。

ドリル 1 2 3 4　音声を聞いて，当てはまる英語を空所に書きましょう。

🔊 195〜199

☐ (1) ✎ The woman ＿＿＿＿＿＿＿＿＿＿＿＿＿＿＿＿＿＿＿＿＿＿＿＿ is very friendly.

☐ (2) ✎ The man ＿＿＿＿＿＿＿＿＿＿＿＿＿＿＿＿＿＿＿＿ can speak Japanese.

☐ (3) ✎ Last month I went back to the town ＿＿＿＿＿＿＿＿＿＿＿＿＿＿＿＿＿＿＿＿＿＿＿＿＿＿＿＿＿＿＿＿＿＿＿＿＿ .

☐ (4) ✎ A week after the interview, I received an email ＿＿＿＿＿＿＿＿＿＿＿＿＿＿＿＿＿＿＿＿＿＿＿＿＿＿＿＿＿ .

☐ (5) ✎ The window ＿＿＿＿＿＿＿＿＿＿＿＿＿＿＿＿＿＿＿＿＿＿＿ has been repaired.

解 答

(1) who lives next door　隣に住んでいる女性はとてもきさくだ。
(2) I work with　一緒に働いている男性は日本語を話せる。
(3) where I grew up　自分が育った町に先月帰った。
(4) offering me the job　面接の1週間後に，仕事を提示するメールを受け取った。
(5) damaged in the storm　嵐で破損した窓は修理された。

200
〜
204

☐ (1)　A: What is a shoplifter?

✎ B: A shoplifter is _____ .

☐ (2)　A: How was the new restaurant?

✎ B: Great. _____ was really kind and polite.

☐ (3)　A: Why do you have to find a new job?

✎ B: _____

☐ (4)　A: How's your new job?

✎ B: Not bad. _____

☐ (5)　A: Why were you late?

✎ B: _____

on the way.

解 答

(1) someone who steals from a shop　A: shoplifter とは何ですか。　B: shoplifter とは店で物を盗む人のことです。　▶ shoplifter 图 万引き（をする人）

(2) The waiter who served us　A: 新しいレストランはどうだった？　B: よかったよ。給仕をしてくれたウエイターが本当に親切で礼儀正しかったんだ。

(3) The restaurant I work at is closing next month.　A: どうして新しい仕事を探さなければならないの？　B: 今働いているレストランが来月閉店するんだ。

(4) The people I work with are very friendly.　A: 新しい仕事はどう？　B: 悪くないよ。一緒に働いている人たちはとてもきさくなんだ。

(5) The taxi bringing me to the airport broke down　A: どうして遅れたの？　B: 空港まで乗ってきたタクシーが途中で故障したんだ。

Hints!

後置修飾を伴った名詞句を聞き取る際には，全体の意味が確定するまで意味の理解を保留することはせずに，聞こえてきた順序通りに意味を理解できるように練習しましょう。そのために同じ文を，意味を考えながら何度も音読するとよいでしょう。

ドリル 1 2 3 4 音声を聞いて，英語に合うよう日本語訳を空所に書きましょう。

205

- (1) ＿＿＿＿＿＿＿＿＿＿＿＿＿＿＿＿＿＿＿＿＿＿＿＿＿＿＿知りませんか。

- (2) 私の姉［妹］は ＿＿＿＿＿＿＿＿＿＿＿＿＿＿＿＿＿＿＿＿働いています。

- (3) 私は ＿＿＿＿＿＿＿＿＿＿＿＿＿＿＿＿＿＿＿＿＿＿＿行ってみたい。

- (4) 私たちは ＿＿＿＿＿＿＿＿＿＿＿＿＿＿＿＿＿＿＿＿＿＿＿。

- (5) ＿＿＿＿＿＿＿＿＿＿＿＿＿＿＿＿＿＿＿＿＿＿あまり実用的ではなかった。

解 答

(1) ロシア語を話せる人を誰か　Don't you know anyone who can speak Russian?

(2) 家具を作る会社で　My sister works for a company that makes furniture.

(3) 両親が育った国に　I want to go to the country where my parents grew up.

(4) そのホテルに泊まっている唯一の客だった　We were the only guests staying at the hotel.

(5) 会議で出た提案のいくつかは　Some of the suggestions made at the meeting were not very practical.

8 >>> 副詞句・副詞節の聞き取り

ポイント

- 原因・理由，条件・譲歩，結果，様態，程度などは副詞句や副詞節によって表現される
- 副詞句や副詞節によって１文が長くなるので，展開を予測しながら聞くようにする
- 仮定法が用いられる場合もあるので，過去（完了）時制や would・could などの助動詞にも注意する

ドリル 1 2 3 4　音声を聞いて，当てはまる英語を空所に書きましょう。

206
～
210

☐ (1) ✎ We decided to go out ＿＿＿＿＿＿＿＿＿＿ ＿＿＿＿＿＿＿＿＿＿
＿＿＿＿＿＿＿＿＿＿ the heavy rain.

☐ (2) ✎ We decided to stay home ＿＿＿＿＿＿＿＿＿＿ ＿＿＿＿＿＿＿＿＿＿
the heavy rain.

☐ (3) ✎ We went out ＿＿＿＿＿＿＿＿＿＿ it was raining heavily.

☐ (4) ✎ We stayed home ＿＿＿＿＿＿＿＿＿＿ it was raining heavily.

☐ (5) ✎ ＿＿＿＿＿＿＿＿＿＿ it rains tomorrow, we will stay home.

解 答

(1) in spite of　大雨にもかかわらず，私たちは外出することにした。
(2) because of　大雨だったので，私たちは家にいることにした。
(3) although　大雨にもかかわらず，私たちは外出した。
(4) because　大雨だったので，私たちは家にいた。
(5) If　明日雨なら，私たちは家にいるつもりだ。

事象の発生や人間の行動には，それを起こす原因・理由があるものです。なぜそのようなことが起きたのか，その人はどのような理由からそのような行動をとったのかと常に疑問を持ち，それを解消することが重要です。

ドリル
1 **2** 3 4

音声を聞いて，当てはまる英語を空所に書きましょう。

211
〜
215

□ (1) ✎ The game was called off _____ the bad weather.

□ (2) ✎ I managed to make myself understood _____
I couldn't speak their language.

□ (3) ✎ The classroom was _____
I couldn't concentrate on the lecture.

□ (4) ✎ I am 18 years old, so please don't talk to me _____
_____ a child.

□ (5) ✎ What _____ you do if you _____
one million dollars in the lottery?

解 答

(1) because of　悪天候のためその試合は中止になった。　▶ call off ～　～を中止にする（＝cancel）

(2) although　彼らの言語を話すことができなかったけれどもどうにか言いたいことを伝えることができた。　▶ make *oneself* understood　言いたいことを相手に理解してもらう

(3) so cold that　教室がとても寒かったので講義に集中できなかった。　▶ so ～ that ...　とても～なので…

(4) as if I were　僕は18歳なのだから，僕が子供であるかのように話しかけないでください。
　▶ as if ...　まるで…のように

(5) would, won　宝くじで100万ドル当たったらどうしますか。　▶ lottery 图宝くじ

because, since, as, if, although[though], when, after, before, till[until] などの基本的な接続詞や, because of, in spite of, despite, due to, thanks to などの基本的な（群）前置詞を完全に理解し, 使えるようになりましょう。

 音声を聞いて, 当てはまる英語を空所に書きましょう。

216
〜
220

☐ (1)　A: Why did you leave so early yesterday?

　　　B: I wanted to get home as early as possible _____

_____ .

☐ (2)　A: Hey, Sarah.

　　　B: Paul! We hardly ever see each other _____

_____ .

☐ (3)　A: Am I going the right way for East Park?

　　　B: Yes. _____ ,

and turn left just before the bridge.

☐ (4)　A: Have you seen the movie we talked about the other day?

　　　B: Yes. _____

☐ (5)　A: Should we tell them the truth?

　　　B: No. _____

解 答

(1) because my mother wasn't feeling well　A: 昨日は何でそんなに早く帰ったの？　B: 母の具合がよくないからできるだけ早く帰宅したかったの。

(2) even though we live on the same street　A: やあ, サラ。　B: ポール！　私たち, 同じ通りに住んでいるのにめったに会わないわね。　▶ hardly ever ...　めったに…ない

(3) Go straight till you get to the river　A: イーストパークに行く道はこれで合っています？　B: ええ。川のところまでまっすぐ行って, 橋の手前を左に曲がってください。

(4) I enjoyed it despite the silly story.　A: 僕らが先日話していた映画は見た？　B: 見たわ。ばかばかしい話だったけど楽しめたわ。　▶ silly 形 ばかげた

(5) Even if we told them the truth, they wouldn't believe us.　A: 彼らに本当のことを言ったほうがいいかな？　B: やめたほうがいいわ。彼らに本当のことを言っても信じてもらえないわよ。

Hints!

入試問題では，聞こえてきた英文の内容に当てはまる英文を答えさせる問題が主流です。リスニングの力だけでなく，選択肢をすばやく読み取る力も必要になります。

 音声を聞いて，内容に合う英文を選びましょう。

221

- □ (1) ① The game will be held despite the bad weather.

    ② The game will not be held due to the bad weather.

- □ (2) ① The speaker didn't attend the lecture because of his bad health.

    ② It was difficult for the speaker to follow the lecture.

- □ (3) ① The speaker wasn't a child.

    ② Mr. Tanaka talked to a child.

- □ (4) ① Kenji passed the exam.

    ② Kenji studied very hard.

- □ (5) ① The speaker bought a big house.

    ② The speaker didn't win the lottery.

解 答

(1) ②　その試合は悪天候のため開催されないだろう。　The game will be called off because of the bad weather.　その試合は悪天候のため中止になるだろう。①その試合は悪天候にもかかわらず開催されるだろう。

(2) ②　話者は講義についていくのが難しかった。　The classroom was so hot that I couldn't concentrate on the lecture.　教室がとても暑かったので講義に集中できなかった。①話者は体調不良のため講義に出席しなかった。

(3) ①　話者は子供ではなかった。　Mr. Tanaka talked to me as if I were a child.　田中先生は私が子供であるかのように私に話しかけた。②田中先生は子供に話しかけた。

(4) ①　ケンジは試験に合格した。　Kenji passed the exam although he hadn't studied very hard.　ケンジはあまり一生懸命に勉強していなかったのに試験に合格した。②ケンジは一生懸命に勉強した。

(5) ②　話者は宝くじに当たらなかった。　I would buy a big house for my parents if I won the lottery.　宝くじに当たれば両親のために大きな家を買うだろうに。①話者は大きな家を買った。

1文の聞き取り（語句）

222
〜
228

　この章では，名詞，形容詞，副詞，前置詞の4つの品詞に焦点を当てて，聞き取りの練習をします。名詞，形容詞，副詞は比較的はっきりと発音されますが，前置詞は短く，弱く発音されるので，前置詞句全体のかたまりの意味をとらえることが重要です。また，リスニング問題で頻出する数字の聞き取りも扱います。

1 形容詞の聞き取り①（形容詞の基本用法）　　学習ページ ▶ 1. (p.64)

　形容詞は名詞の前や後ろ，be動詞の後ろなどに置かれて，ものごとの性質や状態を話者がどのようにとらえているかを表します。

　例 **Hungry** bears are **dangerous** to villagers.　空腹のクマは村人にとって危険である。

　形容詞が比較変化した場合，**比較対象は明示されない**ことが多いので注意しましょう。

　例 I think the limousine bus is **expensive**.　The subway is **cheaper**.
　　　リムジンバスは高いと思う。地下鉄のほうが（リムジンバスより）安い。

2 形容詞の聞き取り②（分詞形容詞）　　学習ページ ▶ 2. (p.68)

　形容詞として用いられる**現在分詞**（〜ing形）は，「〜している／〜する状態にある」という意味を表します。

　例 My job is **tiring** and **boring**.　私の仕事は疲れるし，退屈だ。

　形容詞として用いられる**過去分詞**（〜ed／〜en形など）は，「〜される／された状態にある」という意味を表します。

　例 I am **satisfied** with the exam results.　私は試験の結果に満足している。

3 名詞句の聞き取り①　　学習ページ ▶ 3. (p.72)

　a[an]＋名詞の単数形は初出の事物や不特定の事物を指します。**無冠詞の名詞の複数形**は初出・不特定の事物以外に，一般的な事物を指すこともあります。

　例 I take **a bus** to get to my office.　私は職場に行くのにバスを利用する。

　例 I like fruit, especially **oranges**.　私は果物，特に柑橘類が好きだ。

　the＋名詞は既出の事物や特定の事物を指します。この場合，原則として話し手と聞き手が同じ事物を思い浮かべています。

例 I bought the book the teacher recommended.　その教師が勧めた本を買った。

4 名詞句の聞き取り②（長い名詞句）

学習ページ ▶ 4. (p.76)

　名詞は，形容詞，名詞，分詞（句），不定詞句，前置詞句，関係詞節などの**修飾を受けて長くなる**ので，聞き取りには注意が必要です。

例 Will you pass me the soy sauce bottle?　しょう油の瓶を取ってもらえますか。

例 What is another word for a person at the wheel of a car?
車の運転席に座っている人のことを別の語で何と言いますか。

5 前置詞の聞き取り

学習ページ ▶ 5. (p.80)

　前置詞は直後に名詞句を置き，全体で前置詞句となります。**前置詞句**は**形容詞句**や**副詞句**として働きます。

例 My brother sleeps for ten hours a day.　私の兄［弟］は1日10時間寝る。

例 The man in front of the entrance is my father.　玄関の前にいる男性は私の父だ。

6 副詞の聞き取り

学習ページ ▶ 6. (p.84)

　副詞は**名詞以外の語句**（動詞，形容詞，副詞，文全体）を修飾します。副詞の置かれる位置は文頭，文中，文尾などがあり，比較的自由です。

例 Our team lost the game. We played terribly.
私たちのチームは負けた。ひどいプレーをした。

例 He was badly injured in the accident.　彼はその事故で重傷を負った。
文頭の副詞は，原則として，文の内容に対する**話者の判断**を表します。

例 Unfortunately, Ann can't come today.　残念なことに，アンは今日来られない。

例 Hopefully, the plane will arrive at ten.　うまくいけば，飛行機は10時に到着する。

7 数字の聞き取り

学習ページ ▶ 7. (p.88)

　数字はリスニング問題で問われることが多いテーマです。**質問文を先に読み**，関連する数字が聞こえたら**メモをとる**ようにしましょう。

例 John left home at 7:00 and arrived at his office at 8:10. How long did it take him to commute to his office?
ジョンは7時に家を出て，8時10分に会社に着いた。彼は通勤にどれくらいかかったか。

1 >>> 形容詞の聞き取り① （形容詞の基本用法）

ポイント

● 形容詞によって，ものごとの性質や状態を話者がどのようにとらえているかをつかむ

● 形容詞が比較変化した場合，何と比較しているか考えるようにするとよい

 音声を聞いて，当てはまる英語を空所に書きましょう。
229
〜
233

☐ (1) How _____ it is to use this washer! I thought it would

be more _____ .

☐ (2) The weather is too _____ for me. I'd like to live

somewhere _____ .

☐ (3) I think taxis are _____ . The subway is much _____ .

☐ (4) I'm not _____ , but a little _____ .

Do you have anything _____ to drink?

☐ (5) There are a lot of _____ animals around here. Some of

them are very _____ .

解答

(1) easy, difficult　この洗濯機はなんて使いやすいんでしょう！　もっと難しいと思っていました。

(2) cold, warmer　天候が私には寒すぎます。どこかもっと暖かい場所に住みたいです。

(3) expensive, cheaper　タクシーは高いと思います。地下鉄のほうがずっと安いです。

(4) hungry, thirsty, cold　お腹はすいていないけど，のどが少し渇いています。何か冷たい飲み物
はありますか。 ▶thirsty 形 のどが渇いた

(5) wild, dangerous　このあたりには野生の動物が多くいます。なかにはとても危険なものもいます。

Hints!

cheap, quiet, cool などの形容詞の原級と, cheaper, quieter, cooler などの形容詞の比較級との発音の違いに注意しましょう。比較級では -er または more の1音節が加わります。

 音声を聞いて, 当てはまる英語を空所に書きましょう。

234
〜
238

☐ (1) ✎ Your mother's illness is _____.

Don't worry too much.

☐ (2) ✎ It's _____ here. Shall we find

_____ ?

☐ (3) ✎ The situation is not _____ it

seems. It might be _____ .

☐ (4) ✎ The stadium was _____ . I expected it to be

_____ .

☐ (5) ✎ _____ today! The temperature is over 30

degrees. Let's go _____ .

解答

(1) not so serious　あなたのお母さんの病気はそれほど深刻なものではありません。心配しすぎないでください。　▶serious 形 深刻な, 重大な

(2) noisy, a quieter place　ここは騒がしいですね。もっと静かな場所を見つけましょうか。

(3) as good as, quite bad　状況は見かけほどよくありません。かなり悪いかもしれません。
　　▶not as 〜 as it seems　見かけほど〜ではない

(4) huge, much smaller　スタジアムは大きかったよ。もっとずっと小さいと思っていた。
　　▶huge 形 ものすごく大きい

(5) It's hot, somewhere cooler　今日は暑いね！　気温が30度を超えているよ。どこかもっと涼しいところに行こう。

形容詞で説明される性質や状態は，通例その前後の文脈で具体的に説明されます。形容詞の意味がそれらの文脈に合致しているか確認しましょう。

 音声を聞いて，当てはまる英語を空所に書きましょう。

239
～
243

□ (1) A: I have two tickets for tonight's concert. Do you want to go?

B: _____

I feel like going out tonight.

□ (2) A: Have you been to the new stadium?

B: I went to see a football match there last week.

_____

□ (3) A: Let's take a taxi.

B: _____

Let's go by bus instead.

□ (4) A: What did the doctor say about mom?

B: He said _____ .

□ (5) A: Your new shoes look great!

B: Thanks. _____

解 答

(1) That sounds great.　A: 今夜のコンサートのチケットが 2 枚あるんだ。行かない？　B: それはいいわね！　今晩は外出したい気分なの。
　　▶〈sound＋形容詞〉　〜のように聞こえる，〜な話だ／feel like doing　…したい気分だ

(2) It was huge and beautiful.　A: 新しいスタジアムには行った？　B: 先週サッカーの試合を見に行ってきた。大きくてきれいだったよ。

(3) I think it's a little too expensive.　A: タクシーで行こう。　B: タクシーはちょっと高すぎると思うの。代わりにバスにしましょう。

(4) her illness is not as serious as we thought　A: お母さんのこと，医者は何て言っていた？
　　B: 病気は僕たちが思ったほど深刻じゃないって。

(5) They're really light, but a little tight.　A: あなたの新しい靴，かっこいいわね！　B: ありがとう。とても軽いんだけど，少しきついんだ。　▶light 形 軽い／tight 形 （サイズが）きつい

形容詞の意味は日本語として理解するだけでなく，大きい⇔小さい，熱い⇔冷たいなど，プラス⇔マイナスを中心としたイメージをすばやくつかむことが重要です。

ドリル
123 **4**　　音声を聞いて，内容に合う日本語訳を選びましょう。

244

☐ **(1)** ジョージは学校で［①勤勉だ／②怠惰だ／③優秀だ］。

☐ **(2)** そのレストランのサービスはとても［①遅い／②てきぱきとしている／③丁寧だ］。

☐ **(3)** そのスーパーマーケットはいつもより［①すいていた／②混んでいた／③騒がしかった］。

☐ **(4)** 会話が進むにつれて，ピーターは［①静かになった／②考え込むようになった／③よくしゃべるようになった］。

☐ **(5)** 説明書きは［①短すぎて／②長すぎて／③複雑すぎて］理解できなかった。

解答

(1) ② George is lazy at school.　▶lazy 形 怠惰な

(2) ① The service in that restaurant is very slow.

(3) ② The supermarket was more crowded than usual.　▶crowded 形 混雑した

(4) ③ As the conversation went on, Peter became more talkative.　▶talkative 形 おしゃべりな

(5) ③ The instructions are too complicated to understand.　▶complicated 形 複雑な

2 ››› 形容詞の聞き取り② （分詞形容詞）

ポイント

● 動詞の～ing 形（現在分詞）や～ed ／ ～en 形（過去分詞）が形容詞として用いられることがある

● ～ing は通例「（人やものごとが）～している／～する状態にある」という意味を表す

● ～ed ／ ～en は通例「（人やものごとが）～される／された状態にある」という意味を表す

ドリル 1 234　音声を聞いて，当てはまる英語を空所に書きましょう。

245
〜
249

☐ (1) ✎ The movie I saw yesterday was ＿＿＿＿＿＿＿＿＿＿＿＿＿ .

☐ (2) ✎ You were ＿＿＿＿＿＿＿＿＿＿＿＿＿ with the movie, weren't you?

☐ (3) ✎ I was ＿＿＿＿＿＿＿＿＿＿＿＿＿ when I heard the news.

☐ (4) ✎ The news was ＿＿＿＿＿＿＿＿＿＿＿＿＿ .

☐ (5) ✎ I'm ＿＿＿＿＿＿＿＿＿＿＿＿＿ with my job.

解 答

(1) disappointing　昨日見た映画にはがっかりした。 ▶disappointing 形 がっかりさせる，つまらない

(2) disappointed　その映画にがっかりしたんだね。 ▶disappointed 形 失望して，がっかりした

(3) shocked　そのニュースを聞いて衝撃を受けた。 ▶shocked 形 衝撃を受けた，ショックで

(4) shocking　そのニュースは衝撃的だった。 ▶shocking 形 衝撃的な，ショックを与える

(5) bored　私は自分の仕事に退屈している。 ▶bored 形 退屈して

Hints!

通例，現在分詞から派生した形容詞は物や事柄の性質や状態を表し，過去分詞からなる形容詞は人の状態や感情を表します。

ドリル 1 **2** 3 4　音声を聞いて，当てはまる英語を空所に書きましょう。

 250 〜 254

Chapter **3**

☐ (1) The band's newest album isn't as good as I expected.

＿＿＿＿＿＿＿＿＿＿＿＿＿＿＿＿＿＿＿＿＿＿＿＿＿＿＿＿＿＿＿＿＿ .

☐ (2) My sister is going to the theme park tomorrow.

＿＿＿＿＿＿＿＿＿＿＿＿＿＿＿＿＿＿＿＿＿＿＿＿＿＿＿＿＿＿＿＿＿ .

☐ (3) Are you ＿＿＿＿＿＿＿＿＿＿＿＿＿＿＿＿＿＿＿＿＿＿＿ baseball?

I have two tickets for tonight's game.

☐ (4) My teaching job is very hard.

＿＿＿＿＿＿＿＿＿＿＿＿＿＿＿＿＿＿＿＿＿＿＿＿＿＿＿＿＿＿＿＿＿ .

☐ (5) It's been raining for three days.

The weather makes ＿＿＿＿＿＿＿＿＿＿＿＿＿＿＿＿＿＿＿＿＿＿＿ .

解 答

(1) It's disappointing　そのバンドの最新アルバムは思ったほどよくない。がっかりだ。

(2) She's really excited　妹［姉］は明日そのテーマパークに行く予定だ。彼女は本当に興奮している。

(3) interested in　野球に興味ある？　今夜のゲームのチケットが 2 枚あるんだ。

(4) It's often exhausting　私の教師の仕事はとても大変だ。すごく疲れることも多い。
　▶exhausting 形 ひどく疲れさせる

(5) me depressed　3 日間雨が降っている。この天気にはうんざりする。
　▶make O C　O を C にする／depressed 形 意気消沈した，気落ちした

Hints!

形容詞は so, very, really, too, quite などが付いて強調されることがしばしばあります。
また，〈*be* + 形容詞 + that ...〉，〈*be* + 形容詞 + to *do*〉などの形にも慣れましょう。

ドリル 1 2 ③ 4 音声を聞いて，当てはまる英語を空所に書きましょう。

255
〜
259

☐ (1)　A: That accident was a really scary experience for the children.

🖊 B: It was. _____

☐ (2)　A: I have other plans tomorrow.

🖊 B: _____

☐ (3)　A: Have you heard that Mr. Williams will leave our school?

🖊 B: _____ when I heard about it.

☐ (4)　A: Dan works from morning till night every day.

🖊 B: _____

☐ (5)　A: Most of the students didn't seem to understand Mr. Hudson's lecture.

🖊 B: _____

解 答

(1) Everybody was shocked to see it.　A: その事故は子供たちには本当に怖い経験でしたね。
B: そうですね。みんなそれを目撃してショックを受けていました。

(2) It's disappointing that you can't come.　A: 明日別の予定があるの。　B: 君が来られないのは
本当に残念だよ。

(3) I was too astonished to speak　A: ウィリアムズ先生がうちの学校を辞めるって聞いた？　B: そ
れを聞いたときは驚いて口が利けなかったわ。　▶astonished 形 驚いて

(4) It's not surprising that he's always tired.　A: ダンは毎日朝から晩まで働いているのよ。
B: 彼がいつも疲れているのも無理はないね。

(5) I think his explanation was too confusing.　A: ほとんどの学生はハドソン先生の講義を理解し
なかったみたいね。　B: ハドソン先生の説明はややこしすぎたと思うんだ。
　▶confusing 形 混乱させる，複雑な

Hints!

形容詞にはそれが叙述・修飾する名詞句の存在が不可欠です。形容詞の意味は，それが叙述・修飾している名詞句とともにイメージして理解するようにしましょう。

ドリル 1234 音声を聞いて，英語に合うよう日本語訳を書きましょう。

260

☐ (1) ✎ 私の姉［妹］は，彼の小説の最新作は ＿＿＿＿＿＿＿＿＿＿＿＿ と言っていた。

☐ (2) ✎ 先月の選挙の結果には本当に ＿＿＿＿＿＿＿＿＿＿＿＿＿＿＿＿＿。

☐ (3) ✎ この話は数回読んだ。それはとても ＿＿＿＿＿＿＿＿＿＿＿＿＿＿＿。

☐ (4) ✎ マットは冗談ばかり言っている。彼は本当に ＿＿＿＿＿＿＿＿＿＿＿＿＿。

☐ (5) ✎ 人前で話すときはいつも ＿＿＿＿＿＿＿＿＿＿＿＿＿＿＿＿＿＿＿。

解 答

(1) 退屈だ　My sister said his latest novel was boring.

(2) 失望した　I was really disappointed with the outcome of the election last month.
　　▶outcome 图 結果／election 图 選挙

(3) 複雑だった［ややこしかった］　I read this story several times. It was very confusing.

(4) おもしろい男だ　Matt is always telling jokes. He is a very amusing guy.
　　▶be always doing　いつも…ばかりしている／amusing 形 おもしろい，愉快な／guy 图 男，やつ

(5) 恥ずかしい［困惑する］　I'm always embarrassed when I speak in front of others.
　　▶embarrassed 形 恥ずかしい，困惑した

3 ⋙ 名詞句の聞き取り①

ポイント ||||||||||||||||||||||||||||||||||||||||||||||||||||||||||||||||||

- 冠詞（a[an] / the / 無冠詞）によってその名詞が指すものが変わるので，聞き逃さないようにする。冠詞の a[an] や the は通例弱く発音される
- 既出の事物や文脈から特定できる対象物を指す名詞には，the だけでなく this[that] や代名詞の所有格をつけたり，全体を代名詞で置き換えたりする

ドリル 1 234　音声を聞いて，当てはまる英語を空所に書きましょう。

261〜265

□(1) ✎ Will you turn off ＿＿＿＿＿＿＿＿ ＿＿＿＿＿＿＿＿ ?

□(2) ✎ Excuse me, I'd like to talk to ＿＿＿＿＿＿＿＿ ＿＿＿＿＿＿＿＿

　　　 in charge.

□(3) ✎ I'm going to take ＿＿＿＿＿＿＿＿ ＿＿＿＿＿＿＿＿

　　　 to ＿＿＿＿＿＿＿＿ ＿＿＿＿＿＿＿＿ .

□(4) ✎ My sister applied for ＿＿＿＿＿＿＿＿ ＿＿＿＿＿＿＿＿

　　　 at ＿＿＿＿＿＿＿＿ ＿＿＿＿＿＿＿＿ .

□(5) ✎ Let's meet at 5:30 p.m. at ＿＿＿＿＿＿＿＿ ＿＿＿＿＿＿＿＿

　　　 to ＿＿＿＿＿＿＿＿ ＿＿＿＿＿＿＿＿ .

解 答

(1) the radio　ラジオのスイッチを切ってもらえますか。

(2) the person　すみません，責任者と話したいのですが。▶in charge　責任のある，担当して

(3) a taxi, the station　駅まではタクシーを利用するつもりです。

(4) a job, the restaurant　姉［妹］はそのレストランの職を求めて応募した。

(5) the entrance, the library　午後5時30分に図書館の入り口に集合しましょう。

　　　▶the entrance to 〜　〜への入り口

Hints!

〈the＋名詞〉は，名詞の指示する対象物が話し手と聞き手で一致していることを示していて，話し手と聞き手が両者ともに同じ対象物を頭の中でイメージしています。一方，〈a[an]＋名詞〉は，その名詞が不特定多数の事物の1つを指しているということになります。

ドリル 1**2**34

音声を聞いて，当てはまる英語を空所に書きましょう。(4)と(5)は一連の文章です。

266～270

☐ (1) ✎ _____ they gave us was not correct.

☐ (2) ✎ _____ lives in _____

in Nagano prefecture. _____ is very old.

☐ (3) ✎ I bought _____ and a packet of

tissues at _____ this morning.

I am wearing _____ now.

☐ (4) ✎ I saw _____ crash into a public bus.

_____ happened this afternoon.

☐ (5) ✎ _____ and the driver of the bus were all safe,

but _____ was badly injured.

解答

(1) The information　彼らがくれた情報は正しくなかった。

(2) My uncle, a village, His house　私のおじは長野県のある村に住んでいる。彼の家はとても古い。▶prefecture 图 県

(3) a face mask, a convenience store, the mask　私は今朝，コンビニエンスストアでマスクとポケットティッシュを買った。今そのマスクをしている。
▶face mask　マスク／packet of tissues　ポケットティッシュ

(4) a car, The accident　私は車が公共バスに衝突するのを目撃した。その事故は今日の午後に起こった。▶see ～ do　～が…するのを見る／crash into ～　～に衝突する

(5) The passengers, the driver of the car　バスの乗客と運転手は全員無事だったが，車の運転手は重傷を負った。▶passenger 图 乗客／badly injured　重傷を負って

名詞が一般的な事物を指す場合，通例，その名詞は無冠詞複数形になります。

[例] I like apples. 私はリンゴ（一般）が好きです　*cf.* I like the apples. 私はその（特定の）リンゴが好きです

 音声を聞いて，当てはまる英語を空所に書きましょう。

 271〜275

- [ ] **(1)**　A: My father never gets up before 10:00 a.m. on Sundays.

  B: So, _____, right?

- [ ] **(2)**　A: My uncle lives in a very old house with a beautiful garden behind it.

  B: Oh, _____.

- [ ] **(3)**　A: I have no money because I bought a very expensive shirt.

  B: _____

- [ ] **(4)**　A: I want to be a university professor in the future.　How about you?

  B: I want to be a medical doctor.

  _____

- [ ] **(5)**　A: Have you been to your son's school?

  B: Yes, I have. _____

解　答

(1) your father is still in bed　A: 毎週日曜日，うちの父は午前 10 時前に起きることはないんだ。
B: ということは，お父さんはまだ寝ているのね。　▶ *be* in bed　寝ている（*be* in a[the] bed とは言わない）

(2) I'd like to have a house like your uncle's　A: 僕のおじは，美しい裏庭のあるとても古い家に住んでいるんだ。　B: まあ，私もあなたのおじさんのような家を持ちたいわ。

(3) Why didn't you buy a cheaper one?　A: すごく高いシャツを買ったのでお金がないんだ。
B: なぜもっと安いのを買わなかったの？　▶ a cheaper one ＝ a cheaper shirt

(4) Doctors are paid more than professors.　A: 将来は大学教授になりたいの。あなたは？　B: 僕は医者になりたいな。医者のほうが教授より給料がいいんだ。
▶ professor 图 教授／無冠詞の複数名詞は一般的な事物を指す。

(5) I went to the entrance ceremony.　A: 息子さんの学校には行ったことがありますか。　B: はい，あります。入学式に行きました。

Hints!

次のドリルで，名詞の特定性・不特定性を，冠詞の有無や冠詞の違いを聞き取ることによって判断してみましょう。文脈に頼らず，音声の違いだけで聞き取る練習です。

ドリル
1 2 3 **4**　音声を聞いて，内容に合う日本語訳を選びましょう。

276

☐ **(1)** 今朝，私はポールから［①１本のペン／②そのペン］を借りた。

☐ **(2)** トムは前列の［①いくつかあるうちの１つのいす／②そのいす］に座った。

☐ **(3)** 私の姉［妹］は今も［①ある古い家に／②その古い家に］住んでいる。

☐ **(4)** 私の娘は今日［①学校がある／②その学校にいる］。

☐ **(5)** ① 女性は男性より長生きだ。
　　② その女性たちはその男性たちより長生きだ。

解答

(1) ①　This morning I borrowed a pen from Paul.

(2) ①　Tom sat down on a chair at the front.

(3) ②　My sister still lives in the old house.

(4) ①　My daughter is at school today.

(5) ①　Women live longer than men.

4 >>> 名詞句の聞き取り② （長い名詞句）

ポイント

- 名詞はしばしば修飾語と結びついて長い名詞句となる
- 修飾語は名詞の前にも後ろにも置かれることがある （▶ **2**-7 p.54 後置修飾の形容詞句・形容詞節）。名詞句のまとまりは音声上もまとまることが多い

 音声を聞いて，当てはまる英語を空所に書きましょう。
277
〜
281

☐ (1) Pass me _____ _____ _____ , please.

☐ (2) Don't touch _____ _____ _____ .

☐ (3) John was satisfied with _____ _____
_____ .

☐ (4) Sendai is a nice place to visit. _____ _____
_____ are very friendly.

☐ (5) Do you agree with _____ _____
_____ _____ ?

解 答

(1) that blue bottle　その青い瓶を取ってくれますか。 ▶pass $O_1 O_2$　O_1 に O_2 を取ってやる

(2) the broken glass　その割れたコップに触れないでください。

(3) his exam results　ジョンは自分のテスト結果に満足していた。

(4) The people there　仙台は訪れるのにすてきな場所だ。そこの人々はとてもフレンドリーだ。

(5) the government's foreign policy　あなたは政府の外交政策に賛成ですか。 ▶foreign policy　外交政策

Hints!

名詞はしばしば他の名詞とともに用いられます。例えば money「お金」は，paper「紙」を伴って paper money「紙幣」という新たな名詞を生み出します。〈名詞＋名詞〉では右側の名詞が中心的な意味を表します。paper money はお金の種類，money paper は紙の種類（お金を印刷するための紙）を表します。

ドリル
1 **2** 3 4

音声を聞いて，当てはまる英語を空所に書きましょう。

282
〜
286

☐ (1) The mayor said that _____

would mainly be used for road construction.

☐ (2) Will you write your name on _____?

☐ (3) I will go to _____ tomorrow.

☐ (4) After her speech, there was _____

_____.

☐ (5) There is _____ in front of

City Hall.

解 答

(1) the tax money　税金は主に道路工事に使われると市長は言った。▶road construction　道路工事

(2) the application form　この申込書に名前を書いてもらえますか。▶application form　申込書，応募用紙

(3) the new shopping mall　私は明日その新しいショッピングモールに行きます。

(4) a question-and-answer session　彼女の講演のあと，質疑応答の時間があった。
　　▶question-and-answer session　質疑応答の時間

(5) a large bronze sculpture　市庁舎の前に大きなブロンズ像がある。
　　▶bronze 形 ブロンズの，青銅製の／sculpture 名 彫像

☐ (1)　A: The weather forecast says the temperature will be 35 degrees Celsius.

　　　B: 35 degrees? _____

☐ (2)　A: Did you and Janet go to the party last night?

　　　B: Yes, we did. _____

☐ (3)　A: I've been playing the piano since I was six.

　　　B: I wish I could. _____

☐ (4)　A: Linda always arranges our holiday plans.

　　　B: Oh, _____ .

☐ (5)　A: How did that happen?

　　　B: _____

解 答

(1) I hate this hot weather.　A: 天気予報によれば気温は摂氏 35 度になるようだね。　B: 35 度？この暑い天気にはうんざりよ。▶temperature 图温度，気温／degree 图（温度の）度／Celsius 图摂氏（℃）

(2) We had a really good time.　A: 君とジャネットは昨夜のパーティーに行ったの？　B: ええ。本当に楽しい時間を過ごしたわ。▶have a good time　楽しい時間を過ごす

(3) I can't play any musical instruments.　A: 6 歳からずっとピアノを弾いています。　B: 僕も弾けたらいいのに。楽器は何も弾けないんです。▶musical instrument　楽器

(4) she should work for a travel agency　A: リンダはいつも私たちの休暇の予定を立ててくれるのよ。　B: じゃあ，旅行代理店で働いたらいいよ。▶travel agency　旅行代理店［業］

(5) We still don't know the cause of the problem.　A: どのようにしてそれが起こったんですか。B: その問題の原因はまだわかっていません。▶the cause of 〜　〜の原因

長い名詞句を1つのイメージとして受け取ることができるまで，音声を何度も聞き，音読しましょう。

ドリル 1 2 3 4 音声を聞いて，英語に合うよう日本語訳を書きましょう。

🔊 292

☐ (1) ✎ ＿＿＿＿＿＿＿＿＿＿＿＿＿＿＿＿＿ は中止になった。

☐ (2) ✎ 私は ＿＿＿＿＿＿＿＿＿＿＿＿＿＿＿ で待っていた。

☐ (3) ✎ 私はたった今 ＿＿＿＿＿＿＿＿＿＿＿＿＿＿ を読み終えた。

☐ (4) ✎ マーティンは ＿＿＿＿＿＿＿＿＿＿＿＿＿＿ で働いている。

☐ (5) ✎ 医師は患者たちに ＿＿＿＿＿＿＿＿＿＿＿＿＿ についてもっと率直に語ってほしいと思っている。

解答

(1) 来週の会議　The meeting next week has been canceled.　▶ cancel 動 ～を中止する

(2) その建物の2階　I waited on the second floor of that building.

(3) 300ページの本　I've just finished reading a 300-page book.

(4) 出版社　Martin works for a publishing company.　▶ publishing company 出版社

(5) 彼らの健康問題　Doctors want patients to talk about their health problems more openly.
　　▶ openly 副 率直に

5 >>> 前置詞の聞き取り

ポイント

- 前置詞は名詞の前に置かれて前置詞句を作る
- 前置詞句は形容詞句や副詞句として働く
- 前置詞は特定の動詞や形容詞のあとに置かれ，熟語としてまとまりを作ることもある
- 前置詞に強勢が置かれることは少ない

 音声を聞いて，当てはまる英語を空所に書きましょう。

293〜297

□(1) My father has left home.

He is ＿＿＿＿＿＿ his way ＿＿＿＿＿＿ work now.

□(2) He sleeps ＿＿＿＿＿＿ ten hours ＿＿＿＿＿＿ weekends.

□(3) Marty is dependent ＿＿＿＿＿＿ his parents ＿＿＿＿＿＿ money.

□(4) Bill came ＿＿＿＿＿＿ the classroom and sat ＿＿＿＿＿＿ my side.

□(5) Mary and Kate are twin sisters, but they are very different ＿＿＿＿＿＿

each other ＿＿＿＿＿＿ character.

解答

(1) on, to　父は家を出ました。今は仕事に向かっています。 ▶ on *one's* way to ～　～に行く途中で

(2) for, on　彼は週末に 10 時間寝ている。 ▶ on [英 at] weekends　週末に

(3) upon, for　マーティーはお金を両親に頼っている。 ▶ *be* dependent upon [on] *A* for *B*　*B* を *A* に頼っている

(4) into, by　ビルは教室に入ってきて私の横に座った。 ▶ by *one's* side　～の横 [そば] に

(5) from, in　メアリーとケイトは双子の姉妹だが，お互いの性格はとても異なる。

　▶ *be* different from *A* in *B*　*B* において *A* と異なる

Hints!

ある動詞や形容詞が，ある特定の前置詞とともに使われることがあります。これらは頻出表現または熟語として覚えてしまうとよいでしょう。

ドリル 1 2 3 4 音声を聞いて，当てはまる英語を空所に書きましょう。

298 ～ 302

- (1) Robert is thinking _____ his job.

- (2) Most of the students disagreed _____ .

- (3) My father's car is always used _____ .

- (4) Martha bought those boots _____ .

- (5) We had to walk all the way _____

  _____ .

解答

(1) of quitting　ロバートは仕事を辞めることを考えている。　▶ *be thinking of doing*　…することを考え中だ

(2) with my plan　学生のほとんどは私の計画に反対した。　▶ *disagree with ～*　～に反対する，～と意見が異なる

(3) by my brother　父の車はいつも兄［弟］が使っている。

(4) for 150 dollars　マーサは 150 ドルでそのブーツを買った。　▶ buy *A* for *B*　A を B（価格）で買う

(5) from the station to his house　私たちは駅から彼の家までずっと歩かなければならなかった。

Hints!

基本的な前置詞は at, in, on, by, of, from, to, for, with など1音節のものが多く，通例強勢が置かれず聞き取りにくいので，前置詞だけを聞き取ろうとするのではなく，前置詞句（前置詞＋名詞句）やその前の語句との意味関係全体に注意を払いましょう。

 音声を聞いて，当てはまる英語を空所に書きましょう。

303
〜
307

☐ (1)　A: When will the party begin?

　　　B: _____

　　　I shouldn't have come so early.

☐ (2)　A: Where is John sitting?

　　　B: Over there. _____

☐ (3)　A: Is there a post office near here?

　　　B: Yes. _____

☐ (4)　A: What did you do on the weekend?

　　　B: _____

　　　We just played video games.

☐ (5)　A: Hey! Is Chris in the lead in the marathon?

　　　B: No, but _____ .

　　　I believe he'll finish first.

解　答

(1) It starts at five.　A: パーティーはいつ始まるの？　B: 5時だよ。こんなに早く来るんじゃなかった。

(2) He's sitting next to his sister.　A: ジョンはどこに座っているかしら？　B: あそこだよ。お姉さん［妹さん］の隣に座っているよ。▶ next to 〜　〜の隣に

(3) There's one at the end of this street.　A: このあたりに郵便局はありますか。　B: はい。この通りのつき当たりにあります。

(4) I got together with Tony and Mark.　A: 週末は何をしましたか。　B: トニーとマークに会っていました。テレビゲームをただやっていただけです。▶ get together with 〜　〜と会う，集まる

(5) he is in second place right now　A: ねえ！　クリスはマラソンで先頭を走っている？　B: いや，でも今は2位につけているよ。きっと1位でゴールするさ。▶ in second place　2位で

Hints!

前置詞は位置関係や起点・終点，因果関係などを表すことが多いので，正確にとらえないと意味を大きく取り違えてしまう場合があるので注意しましょう。

 音声を聞いて，内容に合う日本語訳を選びましょう。

308

Chapter **3**

□ **(1)** 私はこの［ ①えりのある／②えりなしの ］ピンクのドレスのほうが好きだ。

□ **(2)** 祖母は今［ ①バルコニーの／②バルコニーの下にある ］いすに腰をかけている。

□ **(3)** 私たちの家は市の中心部から［ ①5キロメートル以内の／②5キロメートル以上離れた ］ところにある。

□ **(4)** その戦争は［ ①結果として分断された国家へとつながった／②分断された国家によって起こった ］。

□ **(5)** アンディは［ ①7時になってやっと来た／②7時になっても来なかった／③7時までに来た ］。

解答

(1) ② I prefer this pink dress without a collar. ▶collar 图 えり

(2) ② My grandmother is now sitting on a chair beneath the balcony.
▶beneath 前 〜の真下に（前置詞 beneath はややかしこまった表現で，通例 under や below などを用いる）

(3) ① Our house is within five kilometers of the city center.
▶within *A* of *B*　B（地点・起点）から A（距離・時間）以内で

(4) ① The war resulted in a divided country.
▶result in 〜　結果として〜になる　cf. result from 〜　〜に起因する

(5) ① Andy didn't come until seven. ▶not ... until 〜　〜になってようやく…する，〜まで…しない

6 >>> 副詞の聞き取り

ポイント

- 副詞は動詞，形容詞，副詞，文全体を修飾する
- 副詞は時間，場所，頻度，様態，程度，強調，否定などを表す
- 副詞の位置は文頭，文中，文尾など，比較的自由である

ドリル 1234 音声を聞いて，当てはまる英語を空所に書きましょう。

309 ～ 313

☐ (1) ✎ The Angels lost the game. They played very _____.

☐ (2) ✎ We enjoyed the party a lot. The time passed very _____.

☐ (3) ✎ The train was delayed due to bad weather. We waited _____.

☐ (4) ✎ My father _____ drives his car. He _____ commutes by train.

☐ (5) ✎ You can get a ten percent discount. _____, delivery is free of charge.

解 答

(1) badly　エンゼルスは試合に負けた。彼らはとてもひどいプレーをした。

(2) quickly　私たちはパーティーをとても楽しんだ。時間があっという間に過ぎた。

(3) patiently　列車は悪天候のために遅れていた。私たちは辛抱強く待った。
　　▶ *be* delayed 遅延する／due to ～　～（という原因）のために／patiently 副 辛抱強く

(4) seldom, usually　父はめったに自分の車を運転しない。彼はたいてい列車で通勤する。

(5) Additionally　10%の割引が受けられます。加えて，配送料は無料です。
　　▶ additionally 副 加えて，さらに／free of charge　無料で

Hints!

副詞の多くは動詞の直前または文末に置いて，動詞（句）を修飾します。形容詞の直前に置いて形容詞の意味を強めたり，文頭に置いて，文の内容に対する話し手の判断を表したりする副詞もあります。

ドリル 1 2 3 4 音声を聞いて，当てはまる英語を空所に書きましょう。

314
〜
318

□ (1) ✎ My mother keeps fit by _____ .

□ (2) ✎ Kevin _____ . He says he doesn't like alcohol.

□ (3) ✎ Several people were _____ in the car crash.

□ (4) ✎ _____ , Nina became ill on the day of the presentation.

□ (5) ✎ I knew that I would _____ Lisa again.

解 答

(1) running regularly　私の母は定期的に走ることで健康を維持している。▶ keep fit　健康でいる

(2) rarely drinks　ケヴィンはめったに酒を飲まない。彼はアルコールが好きではないそうだ。

(3) seriously injured　その自動車事故で数人が重傷を負った。▶ car crash　自動車（衝突）事故

(4) Unfortunately　残念なことに，ニーナはプレゼンテーションの日に具合が悪くなった。
　　▶ unfortunately 副 残念なことに，不運にも／presentation 名 プレゼンテーション，発表

(5) probably never see　私はおそらくリサに二度と会わないだろうとわかっていた。
　　▶ probably 副 おそらく

形容詞の語尾に ly が付いてできた副詞がたくさんあります（[例] heavy → heavily）。また，語尾が ly で終わらない副詞には，well, first, home, abroad, here, there, upstairs, downstairs, outside, inside などがあります。

 音声を聞いて，当てはまる英語を空所に書きましょう。

319
〜
323

☐ (1)　A: How is Cindy these days?

🖊 B: I don't know, ＿＿＿＿＿＿＿＿＿＿＿＿＿＿＿＿＿＿＿＿＿＿.

☐ (2)　A: Did you hear that Brian was fired from his job?

🖊 B: He told me. ＿＿＿＿＿＿＿＿＿＿＿＿＿＿＿＿＿＿＿

☐ (3)　A: Can I talk to Mr. Suzuki?

🖊 B: One moment, please. ＿＿＿＿＿＿＿＿＿＿＿＿＿＿＿

☐ (4)　A: I didn't expect at all that Bill could come to see us yesterday.

🖊 B: Neither did I. ＿＿＿＿＿＿＿＿＿＿＿＿＿＿＿＿＿

☐ (5)　A: Junko studies English every day. She takes an online course.

🖊 B: ＿＿＿＿＿＿＿＿＿＿＿＿＿＿＿＿＿＿＿＿＿＿＿＿＿

解 答

(1) I haven't seen her recently　A: 最近シンディの調子はどう？　B: さあね，最近彼女に会っていないんだ。　▶recently 圖 最近（過去形または現在完了形と共に用いる）

(2) He was terribly upset about it.　A: ブライアンが仕事を解雇されたって聞いた？　B: 彼が教えてくれた。そのことでひどく焦っていたよ。
　　▶be fired　クビになる／be upset about 〜　〜のことで動揺している／terribly 圖（形容詞・副詞を修飾して）ひどく，かなり

(3) He is working upstairs right now.　A: スズキさんとお話ししたいのですが。　B: 少々お待ちください。彼は今，上の階で仕事をしています。　▶upstairs 圖 上の階で　cf. downstairs 圖 下の階で

(4) He came quite unexpectedly.　A: 昨日ビルが僕らに会いに来られるなんて全く考えていなかったよ。　B: 私も。彼が来たのは全く思いがけないことだったわ。　▶unexpectedly 圖 思いがけず，予想外に

(5) That's why she speaks it so fluently.　A: ジュンコは毎日英語の勉強をしているね。オンライン講座を受けているよ。　B: それで彼女はあんなに流ちょうに話すのね。
　　▶That's why SV　そんなわけで…／fluently 圖 流ちょうに

> **Hints!**
>
> 副詞は文全体の意味をポジティブなイメージにしたり，ネガティブなイメージにしたりすることができます。副詞を聞き取ることで，話者がその発話に込めたイメージを正確に受け取りましょう。

ドリル 1 2 3 4 音声を聞いて，英語に合うよう日本語訳を書きましょう。

324

□ (1) 🖊 学期末レポートはまだ提出していないが，＿＿＿＿＿＿＿＿＿＿＿＿＿＿＿＿ 締め切りが延びた。

□ (2) 🖊 その女性は私を見ると，うなずいて＿＿＿＿＿＿＿＿＿＿＿＿＿＿＿＿ 微笑んだ。

□ (3) 🖊 私は両親が最初にどのようにして出会ったのか

＿＿＿＿＿＿＿＿＿＿＿＿＿＿＿＿ わからない。

□ (4) 🖊 アレックスはいつもふらふらと遊びまわっている。私は今日

＿＿＿＿＿＿＿＿＿＿＿＿＿＿＿＿ 彼をどなりつけた。

□ (5) 🖊 ＿＿＿＿＿＿＿＿＿＿＿＿＿＿＿＿ 大学の近くに手ごろなアパートが

＿＿＿＿＿＿＿＿＿＿＿＿＿＿＿＿ 見つかった。

解答

(1) 幸運なことに　I haven't submitted my term paper yet, but luckily, the deadline was postponed. ▶term paper 学期末レポート／deadline 图 締め切り／postpone 動 ～を延期する

(2) 上品に　The woman nodded her head and smiled politely when she saw me.
▶nod *one's* head うなずく／politely 副 丁寧に，上品に

(3) 正直なところ［本当に］　I honestly don't know how my parents first met each other.
▶honestly 副 正直なところ，本当に（＝really）

(4) いらいらして　Alex is always fooling around. Today I shouted at him impatiently.
▶fool around ぶらつく，ふざける／shout at ～ ～に向かって大声を出す／impatiently 副 いらいらして

(5) 幸運なことに，かなり簡単に　Fortunately, I found a reasonable apartment near the university quite easily. ▶fortunately 副 幸運にも（＝luckily）／reasonable 形 手ごろな，安い

Chapter 3

7 >>> 数字の聞き取り

ポイント

- リスニング問題では，しばしば数字に関連することが問われる
- 数字は通例，英文内容の具体的事実に関わる
- 数字は，個数，長さ，重量，時間，距離，年齢，値段，割合など，多種多様な場面で用いられる
- 数字とそれに付随する単位の聞き取りにも注意

 音声を聞いて，当てはまる数字を算用数字で空所に書きましょう。

325〜329

☐(1) ✎The moon goes around the earth every ＿＿＿＿＿＿ days.

☐(2) ✎My mother usually gets up at ＿＿＿＿＿＿ o'clock, but this morning

she got up at ＿＿＿＿＿＿ .

☐(3) ✎The temperature was only ＿＿＿＿＿＿ degrees early in the morning.

Now it has gone up to ＿＿＿＿＿＿ .

☐(4) ✎Aaron started reading the book ＿＿＿＿＿＿ hours ago,

and he has read ＿＿＿＿＿＿ pages.

☐(5) ✎My grandfather was born in ＿＿＿＿＿＿ .

解答

(1) 27　月は地球を27日ごとに1周する。

(2) 6, 7:45　私の母はたいてい6時に起きるが，今朝は7時45分に起きた。

(3) 5, 12　早朝の気温は5度しかなかった。今は12度に上がった。

(4) 3, 60　アーロンは3時間前にその本を読み始めて，60ページ読んだ。

(5) 1954　私の祖父は1954年生まれだ。　▶西暦は通例2桁ずつ区切って読む。1954年はnineteen fifty-fourとなる。

Hints!

西暦は通例 2 桁ずつ区切って読みますが，2000 年以降は 2 桁ずつ区切る読み方と通常の数字の読み方のどちらも使えます。例：2004 年 → [twenty o four] または [two thousand (and) four]，2019 年 → [twenty nineteen] または [two thousand nineteen]。ただし 2000 年は [(the year) two thousand] のみ。

ドリル
1 **2** 3 4

音声を聞いて，当てはまる英語と数字を空所に書きましょう。

330
〜
334

☐ (1) ✎ Admission to the art gallery is _____.

☐ (2) ✎ The construction of the city library was completed

_____.

☐ (3) ✎ I usually start work _____ and have a lunch

break _____.

☐ (4) ✎ Kathy has been working here _____.

☐ (5) ✎ The train can travel _____ per hour.

解 答

(1) 500 yen　美術館の入場料は 500 円だ。

▶ admission (fee) 图 入場料／art gallery　美術館／yen 图 円（単数も複数も同形）

(2) in 2013　市立図書館の建設工事は 2013 年に完了した。

▶ 西暦 2013 年の読み方は [twenty thirteen] または [two thousand thirteen]。

(3) at 9:00, at 12:30　私はたいてい 9 時に仕事を始めて，12 時 30 分にお昼の休憩をとる。 ▶ start

at 〜　〜時から［に］始める（start from 〜とは言わない）

(4) since July 15th　キャシーは 7 月 15 日からここで働いている。

▶ 日付はアメリカ式では「月→日（→年）」，イギリス式では「日→月（→年）」の順になる。

(5) at 250 kilometers　その列車は時速 250 キロで走ることができる。

▶ per 〜　〜あたり，毎〜（〜には無冠詞の単位がくる）

Hints!

会話文においては数値を問う質問文が投げかけられる場合があります。How much ...? や How long ...? などだけでなく，What is the cost of 〜? や What is the length of 〜? などの表現にも注意しましょう。

音声を聞いて，当てはまる英語を空所に書きましょう。(3) から (5) は一連の会話です。

 335 〜 339

☐ (1)　A: These pieces of furniture are gorgeous! They look quite expensive.

　　B: _____

☐ (2)　A: How long do you usually work each day?

　　B: Eight hours. We start work at nine and finish at six.

　　_____

☐ (3)　A: The old bridge was demolished, and a new bridge was opened.

　　B: That's right. _____

☐ (4)　A: When was the project completed?

　　B: _____

　　So it was completed that year.

☐ (5)　A: What was the cost of the construction project?

　　B: _____

解答

(1) I bought them for two million yen in total.　A: これらの家具は豪華ですね！　とても高そうです。　B: それらを合計 200 万円で買いました。 ▶ million 图百万（単位）／in total　合計で

(2) We have a one-hour lunch break at 12:30.　A: ふだん 1 日にどれくらいの時間働いていますか。 B: 8 時間です。仕事は 9 時に始まって 6 時に終わります。12 時 30 分に 1 時間お昼の休憩をとります。 ▶ lunch break　昼休み

(3) Construction began in the summer of 2015.　A: 古い橋が取り壊されて，新しい橋が開通しましたね。　B: そうですね。建設工事は 2015 年の夏に始まりました。

(4) The new bridge opened in late 2021.　A: プロジェクトはいつ終わったのですか。　B: 新しい橋は 2021 年末に開通しました。ですからその年に終わったのですね。 ▶ in late 2021　2021 年後期に

(5) The total cost of the project was over 50 million dollars.　A: 建設工事の費用はいくらでしたか。　B: プロジェクト全体の費用は 5,000 万ドルを超えていました。

Hints!

リスニング問題の中には複数の数字を聞き取って，簡単な計算をしたうえで答えを出す問題も出題されます。先に質問を頭に入れて，対象の数字が聞こえてきたらメモをするようにしましょう。

ドリル
1 2 3 **4**　音声を聞いて，質問に合う答えを日本語で書きましょう。

340

□ (1) ✎ その古い橋が取り壊されたのはいつですか。

_____

□ (2) ✎ マイケルの身長は現在何センチメートルですか。

_____ センチメートル

□ (3) ✎ フレッドの体重は現在何キログラムですか。

_____ キログラム

□ (4) ✎ レイチェルが今朝通勤にかかった時間は何分ですか。

_____ 分

□ (5) ✎ そのセーターの割引後の価格はいくらですか。

_____ 円

解答

(1) 2014 年 11 月 30 日　The old bridge was demolished on November 30th, 2014.　その古い橋は 2014 年 11 月 30 日に取り壊された。

(2) 175　Michael has grown five centimeters in one year.　He was 170 centimeters tall this time last year.　マイケルは 1 年で 5 センチ伸びた。去年の今ごろは 170 センチだった。

(3) 65　Fred weighed 70 kilograms two months ago.　He has lost five kilograms since then.　2 か月前フレッドは体重が 70 キロだった。そのときから 5 キロ減量した。　▶ weigh 動 体重が～だ

(4) 40　This morning Rachel left her house at 7:50 and arrived at work at 8:30.　今朝レイチェルは 7 時 50 分に家を出て仕事場に 8 時 30 分に着いた。

(5) 9,000　The sweater was sold at a ten percent discount.　The list price was 10,000 yen.　そのセーターは 10 パーセント引きで売られていた。定価は 1 万円だった。　▶ list price　定価

会話文の聞き取り

―情報の追加と修正を聞き取る―

　会話文では通例，一方が問いや情報を発し，他方がそれに応答し，さらに新たな情報や疑問を投げかけるやり取りを何度か往復することで，最終的な判断や選択に至ります。カギになる語句や表現に注意しながら，情報の追加や修正をとらえましょう。

1　質問と応答の聞き取り

学習ページ ▶ 1. (p.94)

　相手から**質問**が投げかけられると，通例，まず**端的に応答**し，それに説明を加えます。

例 A: What are you looking for?　何を探しているのですか。

B: My glasses. I think I left them on the table.
　メガネです。テーブルの上に置いたと思うのですが。

2　感想と説明の聞き取り

学習ページ ▶ 2. (p.98)

　出来事や物事に対して**感想や印象を述べる**場合，通例，まずそれらを短い言葉で表し，それに説明を加えるという形をとります。

例 A: Though they've been studying it for five years, they can't speak English
　　 very well.　彼らは5年間英語を勉強しているのにあまりうまく話せません。

B: I guess not. They don't need it in their daily lives.
　そうでしょうね。日常生活で必要としませんから。

3　選択結果の聞き取り

学習ページ ▶ 3. (p.102)

　会話では，しばしば，いくつかの**条件や選択肢から必要なものを選び出す**という場面が見られます。選択は会話の後半で変更される場合もあります。

例 A: How would you like to go to the museum?　美術館までどうやって行きたい？

B: I don't want to take the subway. I want to enjoy the view from the
　 window.　地下鉄に乗りたくないの。窓から見える外の景色を楽しみたいから。

A: OK. Let's take a bus, then.　そうだね。じゃあ，バスで行こう。

4　これから行われる行動の聞き取り

学習ページ ▶ 4. (p.106)

　会話の中で，話者たちが**次に何をするか**について話す場合があります。それは明示的に言わ

れる場合と，ほのめかされる場合とがあります。

> 例 A: Can you give me a hand for a second?　ちょっと手を貸してくれる？
>
> B: Yeah, but let me change my clothes first.　いいよ，でも先に着替えさせて。

5 勘違いや思い直しの聞き取り　学習ページ ▶ 5. (p.110)

はじめに発言した内容が間違いだと気づき，あとで**取り消したり，訂正したり**する場合があります。最終的になされた判断を聞き取りましょう。

> 例 A: Have you finished your biology assignment?　生物学の課題は終わった？
>
> B: No, not yet. Isn't it due on Thursday?　いや，まだだよ。木曜日に提出するんだよね？
>
> A: No. You have to turn it in tomorrow!　違うよ。明日提出だよ！

6 イメージの具体化　学習ページ ▶ 6. (p.114), 7. (p.118)

言葉による**断片的な情報**がイラストなどの**具体的表現に置き換えられる**場合があります。あらかじめイラストを観察し，選択肢間の違いを確認しておきましょう。

> 例 A: You look beautiful in that dress.　そのドレスを着ているあなたは美しいです。
>
> B: Oh, thank you.　あら，ありがとうございます。
>
> A: And the necklace goes well with your earrings.
> それにネックレスがイヤリングとよく合っていますね。

①  ②  ③ 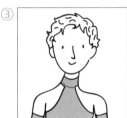 ④

配置図や地図上で**位置を特定する**ことが求められる場合もあります。

> 例 A: Do you know where City Hall is?　市役所がどこかわかりますか。
>
> B: Yes. Go straight until the second set of lights and turn left. You'll see it on your right.　ええ。2つめの信号までまっすぐ行って，左に曲がってください。右側に見えますよ。

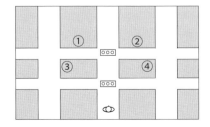

1 ››› 質問と応答の聞き取り

ポイント ||||||||||||||||||||||||||||||||||||||||||||||||||||||||||||||||||||||||||||

- 会話文の多くは質問とその応答から成り立っている
- 質問を聞き取り，その質問に対する Yes / No などの端的な応答と，その応答に続く説明を聞き取る
- 端的な応答をせずに，すぐに説明を始める場合もあるので注意する

ドリル 1 234 音声を聞いて，当てはまる英語を空所に書きましょう。

347 ～ 351

☐ (1) A: May I help you?

✎ B: ＿＿＿＿＿＿＿＿＿＿ ＿＿＿＿＿＿＿＿＿＿ , I'm just looking.

☐ (2) A: Can I help you?

✎ B: ＿＿＿＿＿＿＿＿＿＿ ＿＿＿＿＿＿＿＿＿＿ for something nice for my mother.

☐ (3) A: Is Lora coming to the party tonight?

✎ B: ＿＿＿＿＿＿＿＿＿＿ , ＿＿＿＿＿＿＿＿＿＿ ＿＿＿＿＿＿＿＿＿＿ .

She said she'd be here by seven.

☐ (4) A: Are you coming to the party tonight?

✎ B: I have ＿＿＿＿＿＿＿＿＿＿ ＿＿＿＿＿＿＿＿＿＿ ＿＿＿＿＿＿＿＿＿＿ .

☐ (5) A: Did you attend the meeting yesterday?

✎ B: ＿＿＿＿＿＿＿＿＿＿ , ＿＿＿＿＿＿＿＿＿＿ ＿＿＿＿＿＿＿＿＿＿ .

I took a business trip to Sendai yesterday.

解答

(1) No thanks A: 何かお探しですか。 B: いいえ，結構です，ただ見ているだけです。

(2) I'm looking A: 何かお探しですか。 B: 母のための何かいいものを探しているのです。

(3) Yes she is A: ローラは今夜のパーティーに来ますか。 B: はい，来ますよ。7 時までに着くと言っていました。

(4) a dentist appointment A: 今夜のパーティーに来ますか。 B: 歯医者の予約があるんです。

▶ No, I'm not. の返答を省略して，すぐに理由の説明を始めることで断りの意味を示している。

(5) No I didn't A: 昨日の会議に出ましたか。 B: いいえ，出ませんでした。昨日は仙台まで出張に行っていたのです。

Hints!

疑問文には Yes / No の返答を求める疑問文と，具体的な返答を求める Wh- 疑問文があります。Yes / No 疑問文に対しては，通例，Yes / No の返答のあと，その理由や具体例などの説明が続きます。Wh- 疑問文の返答では，求められている情報を語句レベルで答え，完全な文になっていない場合もあります。

ドリル 1 2 3 4 音声を聞いて，当てはまる英語を空所に書きましょう。

🔊 352 〜 356

☐ (1) A: What are you looking for?

　🖉 B: _____ . I can't remember where I left it.

☐ (2) A: Has Olivia arrived?

　🖉 B: _____ . The traffic must be heavy.

☐ (3) A: Have you seen Tom Cruise's new movie?

　🖉 B: _____ . Should I?

☐ (4) A: May I help you?

　🖉 B: Yes, _____ Mr. Suzuki.

☐ (5) 🖉 A: A terrible headache? _____ have you had it?

　🖉 B: _____ I got up this morning.

解 答

(1) My car key　A: 何を探しているの？　B: 車のキーだよ。どこに置いてきたか思い出せないんだ。
(2) No, she hasn't　A: オリビアは着いた？　B: いや，まだだよ。道路が渋滞しているにちがいないよ。
(3) No, I haven't　A: トム・クルーズの新しい映画は見た？　B: いや，見ていない。見たほうがいい？
(4) I'm here to see　A: ご用件は？　B: スズキさんにお会いしたいのですが。
(5) How long, Since　A: 頭痛がひどいって？　それはいつからですか。　B: 今朝起きたときからです。

Hints!

Yes / No 疑問文の返答において，Yes / No の返答をせず，すぐに理由説明や具体的説明などを言い，Yes / No の意味を含意させる場合があります。含意表現は内容一致問題で問われやすいです。

 音声を聞いて，当てはまる英語を空所に書きましょう。

357
〜
360

☐ (1)　A: Do you know where City Hall is?

　　　B: _____

☐ (2)　A: Do you know any good places to eat around here?

　　　B: _____

　　　_____

☐ (3)　A: Recently, I started taking guitar lessons.

　　　B: Oh, how often?

　　　A: _____

☐ (4)　A: Hey, do you want to come to dinner with us?

　　　B: Oh, sure, when?

　　　A: _____

　　　B: _____

解 答

(1) Sorry, I'm not from around here.　A: 市庁舎がどこにあるかご存じですか。　B: ごめんなさい，私は地元の者ではないんです。　▶B の発話には No, I don't. が含意されている。

(2) There's a nice Chinese restaurant just past the station.　A: このあたりに食事のできるよい場所はありますか。 B: 駅のすぐ先にまずまずの中華料理店があります。　▶B の発話には Yes, I do. が含意されている。

(3) I go every Wednesday.　A: 最近，ギターのレッスンを受け始めたのです。　B: へえ，どのくらいの頻度で？　A: 毎週水曜日に通っています。

(4) How about tonight?, Sorry, I have other plans tonight.　A: ねえ，私たちと夕食に行かない？　B: ああ，いいよ，いつ？　A: 今夜はどう？　B: ごめん，今夜は他に用事があるんだ。

Hints!

ここでは，会話を聞き取り，最後の発話にふさわしい返答を選ぶ練習をします。

 音声を聞いて，最後の発話の応答として最も合うものを選びましょう。

361

□ (1) ① Just after today's meeting.

② Maybe this time next month.

③ In two weeks.

□ (2) ① No, I'm not. I didn't get injured.

② Right. I promise I won't be absent tomorrow.

③ Actually, I had an accident on the way to school.

□ (3) ① It's my birthday today.

② It's for our wedding anniversary.

③ No, I don't have anything in mind.

④ Yes, I've just found a good item for her.

Chapter
4

解 答

(1) ①　今日のミーティングのすぐあとだよ。　A: My boss told me I will be transferred to the sales department next month.　来月，営業部に異動だと上司に言われたよ。　B: Really? When did Mr. Brown tell you that?　本当？いつブラウン氏に言われたの？　②来月の今ごろかもしれない。　③2週間後だ。

(2) ③　実は，学校に行く途中で事故にあったんだ。　A: Hi, Mike.　こんにちは，マイク。　B: Oh! Hi, Naomi.　ああ！やあ，ナオミ。　A: I didn't see you at school. Is anything wrong?　学校で見かけなかったけど。何かあったの？①いや，そうではない。けがはしなかった。　▶ Are you ...? と尋ねられていないので，No, I'm not. の返答は成り立たない。　②そのとおり。明日は欠席しないと約束するよ。

(3) ②　私たちの結婚記念日のためのものです。　A: May I help you, sir?　お客様，何かお探し物ですか。　B: Yes, I'm looking for something nice for my wife.　ええ，妻のために何かよいものがないか探しています。　A: Is it a birthday gift?　お誕生日のプレゼントですか。　▶ anniversary 图 (毎年の) 記念日　①今日は私の誕生日です。　③いいえ，何も考えていません。　④ええ，彼女のためによい品物が今見つかりました。

2 >>> 感想と説明の聞き取り

● 出来事の感想や印象のあとに，なぜそう思ったかという説明を述べることが多い

● 最初の話者が相手の感想を聞いたあと，自ら説明を加えることもある

ドリル 1 2 3 4　音声を聞いて，当てはまる英語を空所に書きましょう。

362 〜 366

□ (1)　A: How is West Park?

　　　B: It's ＿＿＿＿＿＿＿＿＿＿＿. There are much larger swings than in East Park.

□ (2)　A: How did you like the show?

　　　B: It was ＿＿＿＿＿＿＿＿＿＿＿. The music was great, and the costumes were

　　　gorgeous.

□ (3)　A: How does this *yukata* look on me?

　　　B: It looks ＿＿＿＿＿＿＿＿＿＿＿. You should wear it to the summer festival.

□ (4)　A: Grandpa says he still uses the postal code as his password.

　　　B: That's ＿＿＿＿＿＿＿＿＿＿＿ ＿＿＿＿＿＿＿＿＿＿＿. He'd better

　　　change it right away.

□ (5)　A: Can I borrow one of your pens? I forgot mine.

　　　B: ＿＿＿＿＿＿＿＿＿＿＿. I have three ballpoint pens.

解 答

(1) great　A: ウエストパークはどう？　B: とてもいいね。イーストパークよりもずっと大きいブランコがあるんだ。
　　▶ swing 图 ブランコ
(2) wonderful　A: ショーは気に入った？　B: すばらしかった。音楽はよかったし，衣装も豪華だった。
　　▶ gorgeous 形 豪華な，華麗な
(3) beautiful　A: この浴衣は私に似合う？　B: きれいだよ。夏祭りに着ていくといい。
(4) not safe　A: おじいちゃんはパスワードとしてまだ郵便番号を使っているって言っているよ。　B: それは安全ではな
　　いね。すぐに変えたほうがいい。▶ had better *do* …したほうがよい／right away　すぐに
(5) Sure　A: ペンを1本借りてもいい？　自分のを忘れたの。　B: いいよ。ボールペンを3本持っているから。
　　▶ ballpoint pen ボールペン

Hints!

相手の発言に短く応答し，そのあとで理由や説明を続けるという流れを意識して聞いてみましょう。

 音声を聞いて，当てはまる英語を空所に書きましょう。

367
〜
371

☐ **(1)** **A:** Hurry up! Move any piece!

🖉**B:** You're _____ . I'm thinking.

☐ **(2)** **A:** Excuse me. Is this yours?

🖉**B:** Oh, thanks! I didn't notice _____ .

☐ **(3)** **A:** I bought this on sale yesterday.

🖉**B:** _____ ! I want a cool cap like that for myself.

☐ **(4)** **A:** Look at that! It's a lizard!

🖉**B:** Don't worry. They're _____ .

☐ **(5)** **A:** We got a new calendar.

🖉**B:** It's nice. It has _____ for each

month.

解 答

(1) so impatient A: 急いでよ！　どの駒でもいいから動かして！　B: 気が短いなあ。考え中だよ。
　▶piece 图 (将棋やチェスの) 駒／impatient 形 気短な，せっかちな
(2) I'd dropped it A: すみません。これはあなたのでは？　B: ああ，ありがとうございます！　落としたことに気づきませんでした。
(3) Looks great A: 昨日これを割引価格で買ったんだ。　B: すてきね！　私もそんなかっこいい帽子が欲しいな。
　▶on sale　特価で
(4) harmless A: あれを見て！　トカゲだよ！　B: 心配しないで。害はないから。
　▶lizard 图 トカゲ／harmless 形 無害の
(5) a beautiful picture A: 新しいカレンダーを手に入れたよ。　B: すてきね。毎月美しい写真が載っているわ。

長い文は，音声を1，2度聞いただけでは書き取ることが難しい場合もあります。文脈や文法上の手がかりも頼りにして，聞き取れるまで何度も聞いてみましょう。

 音声を聞いて，当てはまる英語を空所に書きましょう。

372
〜
376

☐ (1)　A: I'll give a presentation in front of a large audience at the conference tomorrow.

　　　B: That sounds great. _____

☐ (2)　A: My doctor told me to stay in bed for another couple of days.

　　　B: Sorry to hear that. _____

_____

☐ (3)　A: Do you want me to get rid of all the weeds here?

　　　B: Oh, thank you. _____

_____

☐ (4)　A: How is your daughter doing at high school?

　　　B: Not bad. _____

_____

☐ (5)　A: Your class reunion is next month, isn't it?

　　　B: I'm looking forward to it! _____

_____

解 答

(1) You must be excited now.　A: 私は明日の会議で大勢の聴衆の前で発表をする予定です。　B: それはすばらしい。今わくわくされているのでしょうね。▶presentation 图 発表／conference 图 会議

(2) I'll tell Mr. Tanaka that you'll miss band practice.　A: 医者から，もう2，3日寝ているように言われたんだ。　B: それはお気の毒に。田中先生にはあなたがバンドの練習を欠席すると伝えておくね。

(3) But you should wear gloves to avoid hurting your hands.　A: ここの雑草を全部刈っておこうか？　B: ああ，ありがとう。でも手にけがをしないように手袋をはめてね。▶get rid of 〜　〜を取り除く／weed 图 雑草

(4) But she seems to be having a hard time getting up at six every morning.　A: 娘さんの高校生活はいかがですか。B: まずまずですね。でも毎朝6時に起きるのはつらいみたいです。

(5) I can't believe it's been almost ten years since we graduated.　A: 来月，同窓会があるんだよね？　B: 楽しみだわ！　私たちが卒業してから10年近くたったなんて信じられない。▶class reunion　同窓会

Hints!

会話を聞いて，会話の内容に関する質問に答える練習をします。質問と選択肢に軽く目を通してから音声を聞くようにするとよいでしょう。

 音声を聞いて，質問に対する答えとして最も合うものを選びましょう。

377

☐ **(1)** 女性は映画をどう思っているか。

① 筋書きがすばらしかった。

② 前に見た映画だった。

③ 同じ監督の前作と似ていた。

☐ **(2)** どの記述が会話に一致しているか。

① オリンピックの誘致に賛成であるという点で，二人は意見が一致している。

② 女性はオリンピックの誘致に反対だが，男性は賛成だ。

③ 男性はオリンピックの誘致に反対している。

☐ **(3)** どの記述が会話に一致しているか。

① 男性は注文した品物と異なる品物を受け取った。

② 男性はオンラインショッピングを利用したことがない。

③ 女性はその店で購入したことを後悔している。

☐ **(4)** どちらの記述が男性の考えに一致しているか。

① 卒業生はただ贈り物をもらうよりも，送別会をしてもらうほうを気に入るだろう。

② 卒業生はただ送別会をしてもらうよりも，贈り物をもらうほうを気に入るだろう。

解 答

(1) ③　A: How was the movie?　映画はどうだった？　B: It was a bit boring. The director has used similar plots in his previous movies.　ちょっと退屈だった。あの監督は以前の映画と似たような筋書きを使っていたわ。
▶director 名 (映画の) 監督／plot 名 (映画の) 筋，構想／previous 形 以前の

(2) ③　A: I don't think our city should host the next Olympics.　私たちの市が次のオリンピックを開催すべきだとは思わないわ。　B: I agree. We'll have so many visitors from other places, and everything will be crowded.　同意見だよ。よそから観光客が大勢来て，何もかも混雑するだろうから。　▶host 動 ～を開催する

(3) ①　A: I ordered an L, but they sent me an S!　Lを注文したのに，Sが来たよ！　B: Oh, that's annoying. I always regret shopping online when that kind of thing happens.　ああ，腹立たしいわよね。そういうことがあると必ずオンラインで買ったことを後悔するのよ。　▶annoying 形 腹立たしい

(4) ①　A: How about having a farewell party for the members who are graduating?　卒業していく部員のために送別会を開くのはどう？　B: That's a great idea. They'll enjoy it more than if we just give them a gift.　それはいい考えだね。単に贈り物を渡すよりも彼らは送別会のほうを気に入ると思うよ。　▶farewell party 送別会

3 ›››› 選択結果の聞き取り

ポイント

- 買い物や食事の注文の場面では商品やメニューの選択が不可欠となる
- 商品名，形状，個数など，会話全体から選択内容を聞き取る
- 変更や追加などもあるので，会話の後半部にも注意する

ドリル
1 2 3 4

音声を聞いて，当てはまる英語を空所に書きましょう。

378
〜
381

□(1)　A: Oh, these T-shirts look nice, don't they?

　　B: Yeah. And they're a real bargain.

　　A: I'll get that ＿＿＿＿＿＿＿＿＿＿ ＿＿＿＿＿＿＿＿＿＿ .

□(2)　A: Is everything OK? Would you like some dessert?

　　B: Thanks, but just bring me a ＿＿＿＿＿＿＿＿＿ ＿＿＿＿＿＿＿＿＿＿

　　　　＿＿＿＿＿＿＿＿＿＿ , please.

□(3)　A: I'd like vanilla ice cream.

　　B: In a cone?

　　A: No, ＿＿＿＿＿＿＿＿ ＿＿＿＿＿＿＿＿ ＿＿＿＿＿＿＿＿ , please.

□(4)　A: Are you ready to order?

　　B: Yes. I'd like ＿＿＿＿＿＿＿ and a ＿＿＿＿＿＿＿ ＿＿＿＿＿＿＿ .

　　A: Anything else?

　　B: And ＿＿＿＿＿＿＿＿＿＿ , please.

解 答

(1) striped one　A: わあ，これらのＴシャツはすてきね。　B: うん。それに本当にお買い得だよ。　A: あのしま模様の
シャツを買うわ。▶striped 形 しま模様の

(2) glass of water　A: お食事はいかがでした？　何かデザートでもいかがですか。　B: ありがとう，でも水をグラス１杯
だけいただけますか。

(3) in a cup　A: バニラアイスクリームが欲しいのですが。　B: コーンでよろしいですか。　A: いや，カップでお願いします。

(4) toast, boiled egg, coffee　A: ご注文はお決まりですか。　B: はい。トーストとゆで卵をお願いします。　A: 他に
ございますか。　B: それとコーヒーをお願いします。

Hints!

1回の質問と応答で選択内容が決まる場合もありますが，何度かのやり取りを経て，全体像が浮かび上がる場合もあります。

ドリル **2** 1 3 4 音声を聞いて，当てはまる英語を空所に書きましょう。

382
〜
384

☐ (1) A: I wonder what I should buy for my mother's birthday.

B: It's been cold these days. I think _____ would be nice.

A: _____ . I'm sure she'll like it.

☐ (2) A: Why don't we eat out tonight?

B: Good idea. What would you like to eat?

I _____ .

A: But I had Italian for lunch. _____ ?

B: Okay. I know a good Korean restaurant.

☐ (3) A: May I help you?

B: Yes. I'm looking for _____ .

A: What color would you like?

B: I like _____ .

A: All right. What size are you?

B: _____ .

A: Okay, how about this one? You can _____ .

解 答

(1) a scarf, That's a good idea　A: 母の誕生日に何を買ったらよいか悩んでいます。　 B: 最近寒いですよね。スカーフがいいと思いますよ。　A: それはいい考えですね。母はきっと気に入ります。

(2) feel like having Italian, How about Korean　A: 今夜は外食しない？　B: いいね。何を食べたい？　私はイタリアンの気分だわ。　A: でも昼食でイタリアンを食べてしまったんだ。韓国料理はどうだい？　B: いいわ。おいしい韓国料理店を知っているの。

(3) a sweater, dark green, I'm an M, try it on　A: 何かお探しですか。　B: はい，セーターを探しているんです。A: 色のお好みは？　B: ダークグリーンが好きです。　A: わかりました。サイズは何ですか。　B: M です。　A: では，これはいかがですか。試着できますよ。

複数の選択肢から好みのものを選ぶという場合もあります。提示された選択肢と選んだ結果に注意して聞き取りましょう。

 音声を聞いて，当てはまる英語を空所に書きましょう。

385
〜
386

☐ (1) A: May I help you?

B: Yes, I'd like to buy some flowers for my mother.

A: Well, what kind of flowers would you like to give her?

B: What flower is common for Mother's Day?

✎ A: _____ are traditionally popular.

Some people also like _____ .

✎ B: Okay. I'll take _____ .

☐ (2) A: What would you like to order?

B: What's in the light meal sets?

✎ A: Set A has _____ .

Set B has _____ .

You can choose French fries instead of the salad.

✎ B: Then, uh, _____ please,

and _____ .

解 答

(1) Roses and carnations, tulips or lilies, two dozen pink carnations A: ご用件を承りましょうか。 B: はい，母に花を買っていこうと思いまして。 A: それで，どのような花をお贈りになりたいですか。 B: 母の日にはどんな花が一般的ですか。 A: バラとカーネーションが昔から人気です。チューリップやユリを好む人もいます。 B: わかりました。ピンクのカーネーションを24本ください。 ▶ traditionally 圖 伝統的に，従来／dozen 图 1ダース，12

(2) a hot dog, a salad, and a drink, a hamburger, a salad, and a drink, Set B, I'd prefer French fries A: ご注文は何にされますか。 B: ライトミールセットの内容は何ですか。 A: Aセットがホットドッグ，サラダ，ドリンクです。Bセットはハンバーガー，サラダ，ドリンクです。ご希望があれば，サラダはフライドポテトに変えることができます。 B: では，そうだなあ，Bセットでお願いします，あとフライドポテトのほうがいいですね。

ドリル
123**4** 音声を聞いて，内容に最も合うものを選びましょう。

☐ **(1)** 二人のフラワーパークまでの交通手段は……

① バス　　　　　　　　② 地下鉄

☐ **(2)** 女性が買いそうな時計は……

① 文字盤の大きいアナログ時計　② 文字盤の小さいアナログ時計

③ 文字の大きいデジタル時計　　④ 文字の小さいデジタル時計

☐ **(3)** 男性が買うＴシャツは……

① 黒のＴシャツ３枚　　　② 黒のＴシャツ１枚

③ 白のＴシャツ３枚　　　④ 白のＴシャツ１枚

解 答

(1) ② A: How do you want to go to Flower Park?　フラワーパークまでどうやって行きたい？　B: I don't want to take the bus because the traffic is always terribly heavy.　バスはいつもすごく混むから乗りたくないの。　A: Then, let's take the subway.　では，地下鉄で行こう。

(2) ③ A: I like this clock.　The display is large and sharp.　この時計がいいな。表示が大きくてはっきりしている。 B: Yeah.　The design is simple and beautiful.　そうだね。デザインがシンプルできれいだね。　A: The LED is really easy to read.　Let's get this one.　LED が本当に読み取りやすいね。これを買おう。

(3) ④ A: How much are these T-shirts?　これらのＴシャツはいくらですか。　B: These black ones are sold in packs of three for 25 dollars.　この黒のＴシャツは３着入りで 25 ドルです。　A: I don't need three.　One is enough. 3 着は必要ないです。1 着で十分です。　B: Then, how about those white ones?　They're sold separately.　では， その白のＴシャツはいかがですか。それらはバラ売りです。　A: How much are they?　おいくらですか。 B: They're ten dollars each.　1 着 10 ドルです。　A: Okay, I'll take one.　わかりました，それを 1 枚ください。

4 ››› これから行われる行動の聞き取り

ポイント

● 話者が次に何をすることになるかという点を聞き取る

● いくつかの候補から選んだり，最初に決めたものを修正したりする場合も多い

● 内容に関する問いがついている場合には，主語が誰かという点にも注意する

ドリル
1 2 3 4

音声を聞いて，当てはまる英語を空所に書きましょう。

388
〜
391

☐ (1)　A: Where can I find children's clothes?

　　　 B: Take the escalator to the ＿＿＿＿＿＿＿＿＿ floor.

☐ (2)　A: Where should we meet?

　　　 B: Let's meet at the ＿＿＿＿＿＿＿＿ ＿＿＿＿＿＿＿＿.

☐ (3)　A: Let's sit at that table.

　　　 B: Which one?

　　　 A: The table in ＿＿＿＿＿＿＿＿ ＿＿＿＿＿＿＿＿.

☐ (4)　A: Let's do the dinner shopping just ＿＿＿＿＿＿＿＿ going home.

　　　 B: All right. There's a large supermarket on the ＿＿＿＿＿＿＿＿ floor.

　　　 A: I prefer the smaller one on the ＿＿＿＿＿＿＿＿ floor.

　　　 B: Oh, they sell a variety of ＿＿＿＿＿＿＿＿ food items. OK. Let's go.

解 答

(1) third　A: 子供服はどこにありますか。　B: エスカレーターに乗って3階にお進みください。

(2) main entrance　A: どこで待ち合わせる？　B: 正面の入り口で会おう。　▶ entrance 图 入口

(3) the back　A: あのテーブルに座りましょう。　B: どれですか。　A: 奥の席です。

(4) before, first, basement, Japanese　A: 帰宅する前に夕食の買い物をしましょう。　B: そうしよう。1階に大きい
スーパーがあるね。　A: 私は地階の小さめのスーパーのほうが好きなの。　B: ああ，日本の食品がいろいろ売ってい
るね。わかった。行こう。

Hints!

話者が最終的にどのような行動をとることになるか，会話を通じて理解しましょう。最初の提案とは異なる提案が出されたり，登場人物ごとに分担が異なったりする場合もあるので，聞き取りには注意が必要です。

ドリル
1 **2** 3 4

音声を聞いて，当てはまる英語を空所に書きましょう。

392
〜
394

☐ (1)　A: Where are you? Everyone's here.

✎ B: Sorry, I'm _____ . Start without me.

☐ (2)　A: Can you wrap this?

✎ B: Sorry. The wrapping counter _____ now.

A: Oh, I'm going to be late for the party.

✎ B: You can _____ at the end of this floor.

☐ (3)　A: This spot looks good. Let's set up a tent here.

✎ B: Do we need to _____ ?

✎ A: Yeah, you can do that. I want to put up the tent first.

Could you _____ the camping

gear out of the car?

✎ B: Sure. _____ , I'll light the fire.

解答

(1) **on my way**　A: どこにいるの？　みんな来ているよ。　B: ごめん，今向かっている。僕抜きで始めて。
　▶ *be on one's way*　（目的地に）向かっている

(2) **is very busy**, **buy wrapping paper**　A: これを包装してくれますか。　B: 申し訳ございません。今，ラッピングカウンターが大変混雑しております。　A: ああ，パーティーに遅れているものですから。　B: この階のつき当たりのところで包装紙を買えますよ。　▶ wrap 動 〜を包装する

(3) **prepare the barbecue [BBQ]**, **help me take**, **And then**　A: この場所がよさそうだね。ここにテントを張ろう。
　B: バーベキューの準備をしたほうがいい？　A: うん，そうしてくれるかな。僕はまずテントを張りたい。車からキャンプ道具を出すのを手伝ってくれる？　B: わかった。そのあと，火をおこすね。
　▶ gear 图 (大きな装置の一部となる) 道具，用具

会話文でカギとなる英文をディクテーションし，その意味を把握しましょう。

ドリル 1 2 3 4　音声を聞いて，当てはまる英語を空所に書きましょう。

395
〜
397

☐ (1)　A: I feel awful. I can't stop coughing.

　　　B: You've probably caught a cold.

　　　_____

☐ (2)　A: Can you wrap this?

　　　B: Sorry.　_____

　　　_____

　　　A: Where's that?

　　　B:　_____

☐ (3)　A: Let's prepare dinner here.

　　　B: Yeah. But I want to set up the tent before it gets dark.

　　　A: OK.　_____

　　　B: Thanks.　_____

解 答

(1) You should see a doctor.　A: ひどい気分だ。せきが止まらない。　　B: たぶん風邪をひいたのね。医者に診てもらうといいわ。

(2) You need to ask the staff at the service counter.,　Take the elevator to the fifth floor.　A: これを包装していただけますか。　　B: すみません。サービスカウンターのスタッフにお尋ねください。　　A: それはどこにありますか。　　B: エレベーターで5階に行ってください。

(3) I'll light the fire for the barbecue.,　I'll put up the tent under the tree.　A: ここで夕食の準備をしましょう。　　B: そうだね。でも僕は暗くなる前にテントを張りたい。　　A: わかったわ。私はバーベキュー用に火をおこすわね。　　B: ありがとう。僕は木の下にテントを張るよ。

Hints!

長めの会話を聞いて問いに答えてみましょう。先に問いと選択肢を読み，必要な情報を探し出すつもりで聞くとよいでしょう。

 音声を聞いて，質問に対する答えとして最も合うものを選びましょう。

398

☐ **(1)** 男性と女性は次に何をする可能性が最も高いか。

① 駅で自転車を借りる。　② バス停で列に並ぶ。　③ スタジアムまで歩く。

☐ **(2)** 男性は次に何をする可能性が最も高いか。

① タマゴと牛乳を買う。　② スーパーまで車で行く。

③ 駅でエミーと会う。　④ 車を使わせてくれとエミーに頼む。

解 答

(1) ①
A: How will we get to the stadium?　We used the bus last time.　スタジアムまでどうやって行こうか？　前回はバスを使ったけど。
B: But it's always crowded, isn't it?　でも，バスはいつも混んでいるよね。
A: Should we take a taxi, then?　じゃあ，タクシーを使う？
B: That would be a bit expensive.　We have enough time, so why don't we walk?　それは少し高いよ。時間が十分あるんだから，歩かない？
A: Isn't it too far to walk to the stadium?　スタジアムまでは歩くには遠すぎない？
B: Oh, yeah?　Do you know there are rental bikes available back at the station?　How about using them, then?　そう？　駅に戻ったところで貸自転車が利用できるのを知ってる？　それなら，それを使うのはどうかしら？

(2) ③
A: Can you go to the station to pick up Emmy?　エミーを迎えに駅まで行ってくれる？
B: All right.　Let me use your car.　Mine is in the garage now.　いいよ。君の車を使わせてよ。今，僕のは修理工場に入っているから。
A: Of course.　And could you stop by the supermarket to get some eggs and milk for me?　もちろんよ。それと，スーパーに立ち寄ってタマゴと牛乳を買ってきてもらえる？
B: Okay.　I'll go shopping with Emmy.　わかった。買い物はエミーとするよ。

5 ››› 勘違いや思い直しの聞き取り

ポイント

● はじめに発言した内容をあとで打ち消したり，訂正や追加をしたりする場合がある

● 最終的にどのような判断や決断に至ったのか，注意して聞くようにする

ドリル 1 2 3 4　音声を聞いて，当てはまる英語を空所に書きましょう。
399
〜
402

☐ **(1)**　A : I'd like one medium seafood pizza.

B : Okay. Any extra toppings?

A : Ah, sausage and onion, please. Oh, wait. Give me a _____

instead of a _____ .

☐ **(2)**　A : Did you get the things I asked for?

B : A packet of _____ ? Yes, here it is.

A : And a bottle of wine?

B : You wanted _____ ! Oh, I forgot! That completely slipped my mind!

☐ **(3)**　A : There's a cockroach in the kitchen!

B : Where?

A : It's on the wall! It jumped!

B : Hey, that's a _____ , not a _____ .

☐ **(4)**　A : That was delicious. I'm so full.

B : Are you sure? There's _____ for dessert.

A : That's tempting, but uh ....

B : Come on! They say there's always _____ for dessert.

解答

(1) large, medium　A : Mサイズのシーフードピザを1枚お願いします。　B : わかりました。何か追加のトッピングは？　A : ええと，ソーセージとオニオンをお願いします。あ，待って。MサイズではなくLサイズにしてください。
　▶ topping 图 トッピング（料理の仕上げとして最後に載せるもの）

(2) eggs, wine　A : お願いした物を買ってきてくれた？　B : タマゴ1パックだよね。はい，これ。　A : それとワイン1本は？　B : ワインも必要だっけ！　ああ，忘れていた！　完全に頭から抜け落ちていたよ！
　▶ slip *one's* mind　うっかり忘れる

(3) cricket, cockroach　A : キッチンにゴキブリがいる！　B : どこ？　A : 壁よ！　飛び跳ねたわ！　B : ねえ，あれはゴキブリじゃなくて，コオロギだよ。　▶ cockroach 图 ゴキブリ／cricket 图 コオロギ

(4) cheesecake, room　A : おいしかった。お腹がいっぱい。　B : 本当？　デザートにチーズケーキがあるよ。　A : それはそそられるけど…。　B : いいじゃない！　デザートはいつも別腹だって言うでしょ。
　▶ dessert 图 デザート（強勢は第2音節）／room 图 余地，空き

Hints!

会話のはじめのほうで状況をつかみ，そのあと情報がどう変わっていくのかに注意を払うようにしましょう。

ドリル 1 2 3 4　音声を聞いて，当てはまる英語を空所に書きましょう。

403
〜
405

☐ (1)　A: Shall we get together at the cafeteria at one o'clock?

B: How about meeting at _____? It's always crowded around that time.

A: No problem with me.

☐ (2)　A: Why don't we go to that new restaurant that opened last month?

B: Sounds good, but many of the restaurants around here

_____, aren't they?

A: Yeah, I'll check the website .... Oh, _____.

☐ (3)　A: Have you finished writing the history paper?

B: No, not yet. But _____ is enough to write it.

A: Did you forget that it's due tomorrow?

B: Are you sure? I thought the deadline for the paper was

_____!

解 答

(1) the library instead of the cafeteria　A: 1時に学食で会おうか。　B: 学食ではなく図書館にしない？　その時間はいつも混んでいるから。　A: 僕はそれでいいよ。　▶ get together 集まる，会う

(2) are closed on Sundays, you're right　A: 先月オープンしたあの新しいレストランに行ってみない？　B: いいね，でもこのあたりって日曜定休のレストランが多いよね？　A: そうね，ウェブサイトをチェックしてみる…。ああ，あなたの推測が正しいみたい。

(3) four days, next Monday　A: 歴史のレポートはもう書いた？　B: いや，まだだよ。でも4日あれば十分に書けるよ。　A: 締め切りは明日だって忘れたの？　B: 本当？　レポートの提出期限は今度の月曜日だと思っていたよ！　▶ due 形 期日が来て／deadline 名 締め切り，期限

☐ (1)　A: I'm at South Exit. Where are you?

✎ B: I'm at South Exit, too. _____

_____ I'm still inside.

A: Yes, I just went through the gate.

B: Oh, I can see you. I'm coming over.

☐ (2)　A: I'd like to make an appointment with Dr. Miller.

✎ B: _____

A: At five? I can't wait until then. I have a terrible toothache.

✎ B: One moment, please. ... _____

How soon can you be here?

☐ (3)　A: The bus is coming! Hurry up!

✎ B: No, I can't run. _____

A: I think it's the last bus today.

B: Then, go ahead, and ask the driver to wait for me.

解 答

(1) Did you pass through the ticket gate?　A: 南口にいるよ。あなたはどこにいる？　B: 僕も南口にいる。改札から外に出たのかい？　僕はまだ中にいるけど。　A: ええ，今改札を抜けたところ。　B: あ，見えた。今からそっちに行くよ。
(2) He's available at 5:00[five] p.m. today., He says he can see you now.　A: ミラー先生の予約を取りたいのですが。　B: 本日は午後5時に空いています。　A: 5時ですか？　それまで待てないです。歯がすごく痛むので。　B: 少しお待ちください。… 今から診てくださるそうです。すぐに来られますか。　▶ appointment 图 (面会などの) 予約
(3) We'll have to take the next one.　A: バスが来るよ！　急ごう！　B: だめ，走れない。次のバスに乗るしかないわ。　A: あれが今日の最終バスだと思う。　B: じゃあ，先に行って，運転手さんに待つようにお願いしてよ。
▶ go ahead　先に行く

ドリル 123 4 音声を聞いて，内容に最も合うものを選びましょう。

409

□ (1) ① 男性は2学期が1週間後に始まると思っていた。

② 男性は今日で夏休みが終わると思っていた。

③ 女性は夏休みの宿題をまだ終えていない。

④ 女性は夏休みがあと1週間で終わると思っていた。

□ (2) ① テーブルは満席である。

② 大人3人が座れる席が空いている。

③ 大人2人が座れる席が空いている。

④ 2人分の席は空いているが，子供用のいすは用意できない。

□ (3) ① 話者の女性はこの写真の中で前の列に座っている。

② 話者の女性はこの写真の中で後ろ側に立っている。

③ 話者の女性はこの写真の中で母親と姉と共に写っている。

④ 話者の女性はこの写真の中に写っていない。

Chapter
4

解答

(1) ①

A: The summer vacation is almost over. 夏休みはもう終わるね。 B: Yeah. The second semester will start a week from now. I haven't done my homework yet. そうだね。2学期があと1週間で始まる。宿題をまだやっていないよ。 A: Not in a week, tomorrow. Did you forget that school starts on August 25th this year? 1週間後でなくて，明日よ。今年は2学期が8月25日から始まるって忘れたの？ B: Oh, no! I totally forgot! ああ，そうだ！ 完全に忘れていた！

(2) ③

A: Do you have a table for three? 3人の席は空いていますか。 B: Three adults? 大人3人ですか。 A: No. Two adults and one small child. いいえ。大人2人と小さい子供1人です。 B: We have a table for two available now, but we can bring a highchair for your child. 今，2人用の席なら空いていますが，お子様にハイチェアーをお持ちすることもできます。

(3) ④

A: I've found an old picture of my family. 家族の古い写真を見つけたの。 B: Are you the girl sitting in the front? She's so cute. 前に座っている女の子は君かい？ すごくかわいいね。 A: No, that's my older sister. This picture was taken before I was born. いいえ，その子は私の姉よ。この写真は私が生まれる前に撮られたの。 B: I thought the woman standing behind the girl was your sister. その子の後ろに立っている女性がお姉さんだと思ったよ。 A: That's my mother. それは母よ。

6 >>> イメージの具体化① ―形状・情景・図表―

ポイント

- ここでは言葉による説明をイラストで理解する問題を扱う
- 英語の音声を聞いたら，訳を介さず，直接イメージにつなげるようにする
- 情報があとから付け足されたり，修正されたりすることもある

ドリル 1 234　音声を聞いて，当てはまる英語を空所に書きましょう。また，会話の内容に合う絵を選びましょう。

410〜411

(1)　A : Look at those birds!

　　🖋B : Wow, there are so ＿＿＿＿＿＿ sparrows ＿＿＿＿＿＿ the power lines!

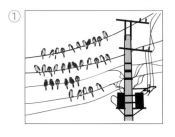 

(2)　A : You're wearing a new suit jacket.

　　🖋B : Yes, I'd wanted a ＿＿＿＿＿＿ jacket like this for a long time.

　　🖋A : Your ＿＿＿＿＿＿ is cool, too. It goes very well with the suit.

　　B : Thank you.

解 答

(1) many, on, ①　A : あの鳥を見て！　B : わあ，電線にすごくたくさんのスズメがとまっている！
▶ sparrow 图 スズメ／power line　電線

(2) three-button, tie, ②　A : 新しいスーツジャケットを着ているのね。　B : うん，長い間，こういう3つボタンのジャケットが欲しかったんだ。　A : ネクタイもかっこいい。スーツにとてもよく合っているわ。　B : ありがとう。
▶ go with 〜　〜と調和する，合う

Hints!

音声を聞く前にイラストをよく見て，イラスト間の違いを確認しておきましょう。

ドリル
1**2**3 4

音声を聞いて，当てはまる英語を空所に書きましょう。また，会話の内容に合う絵・表を選びましょう。

412
〜
413

☐ (1)　A: Do you have any pets?

　　　B: Yes, I have a British Shorthair cat.

　　　A: What color?

　✎B: _____, but the color might

　　　change because _____.

① 　②

☐ (2)　A: Have you seen the second round of the championship tournament?

　✎B: Of course! I watched _____. It

　　　was exciting!

　✎A: _____, also beat the Dragons in

　　　the first round.

　　　B: The championship will be decided tonight.

①
	Bulls	Cougars	Dragons
Bulls			○
Cougars			×
Dragons	×	○	

②
	Bulls	Cougars	Dragons
Bulls			○
Cougars			○
Dragons	×	×	

解答

(1) She's all gray, she's still a kitten, ①　A: 何かペットは飼っていますか。　B: ええ，ブリティッシュショートヘアーを1匹飼っています。　A: 何色ですか。　B: 全身グレーですが，色は変わるかもしれません，まだ子猫なので。
　▶ kitten 图 子猫

(2) the Bulls beat the Dragons, The Bulls' main rival, the Cougars, ②　A: 決勝トーナメントの第2回戦は見た？　B: もちろん！　ブルズがドラゴンズに勝つのを見たよ。興奮した！　A: ブルズの1番のライバルのクーガーズも1回戦でドラゴンズを破ったよね。　B: 今夜，優勝が決まるね。　▶ beat 動 〜を負かす

ドリル
12 **3** 4

音声を聞いて，当てはまる英語を空所に書きましょう。また，指示に合う絵を選びましょう。

☐ (1) A: I'd like to have my hair cut shorter than usual.

✎ B: _____

A: About this long.

✎ B: Okay. _____

女性が選んだ髪型は［ ① ／ ② ］

☐ (2) A: How about this bed?

B: It's a little too big. I'm looking for one for my child.

✎ A: Isn't that one nice? _____

✎ B: _____

_____ I'll buy it.

女性が買うベッドは［ ① ／ ② ］

解 答

(1) How short would you like it?, I'll cut it right above your shoulders., ②　A: 髪の毛をいつもより短くしたいです。
B: どのくらいの短さにしますか。　A: これくらいでお願いします。　B: わかりました。肩のすぐ上ぐらいの長さで切ります。▶ have *one's* hair cut　髪の毛を切ってもらう

(2) It's a small bed for kids., I prefer this one with a bookshelf in the headboard., ①　A: このベッドなんかどう？
B: 少し大きすぎるわ。子供用のベッドを探しているんだから。　A: あれなんかすてきじゃない？　子供用の小さいサイズのベッドだよ。　B: 私はヘッドボードに本棚がついているこっちのほうが好みね。これにするわ。
▶ headboard 图 (ベッドの) 頭部の板，ヘッドボード

416

音声を聞いて，英語に合う内容を選びましょう。また，指示に合う絵を選びましょう。

□ **(1)** 女性が注文した料理は［①バーガー／②パスタ／③ピザ］である。

セットで選んだのは［①ポテト／②スープ／③サラダ］である。

女性の注文は［①／②／③］

□ **(2)** ケンの自転車は［①ロードバイク／②マウンテンバイク］である。

その自転車のタイヤは［①細い／②太い］。

その自転車のハンドルは［①ドロップ／②フラット］。

ケンが買った自転車は［①／②］

解答

(1) ②，③，②

A: Are you ready to order? ご注文をうかがいましょうか。 B: Yes. I'd like the pasta set. ええ。パスタセットをお願いします。 A: Certainly. What kind of pasta would you like? かしこまりました。どのパスタになさいますか。 B: The spaghetti with tomato sauce, please. トマトソースのスパゲティでお願いします。 A: Yes. Would you prefer soup or salad? わかりました。スープとサラダはどちらになさいますか。 B: I'd like the salad, please. サラダをお願いします。

(2) ①，①，②，②

A: Did Ken buy a new bicycle? ケンが新しい自転車を買ったの？ B: Yes, it's a beautiful bike. そうなんだ，すばらしい自転車だよ。 A: Is it a road bike or a mountain bike? それはロードバイク？ それともマウンテンバイク？ B: It's a lightweight road bike with narrow tires. 細いタイヤが付いた軽量のロードバイクだよ。 A: Does it have drop handlebars? ドロップハンドルなの？ B: No, the handlebar is flat. いや，フラットなハンドルだね。

7 >>> イメージの具体化② —配置・地図・スケジュール—

● 会話を通して，物の配置や地図上での位置などを特定する問題を扱う

● 音声を聞く前に，示された配置図や地図，スケジュール表などに目を通しておく

● before, after, back, front といった時間関係や位置関係を表す前置詞や副詞に注意する

ドリル
1 2 3 4

音声を聞いて，当てはまる英語を空所に書きましょう。また，図の中で指示に合うものを選びましょう。

417
〜
418

☐ (1) 　A: Do you know where the city library is?

　✎ B: Yes.　Go down this street and turn ＿＿＿＿＿＿＿＿＿＿＿.　You'll see it on

　　　your ＿＿＿＿＿＿＿＿＿＿＿.

　　A: Thank you.

　市立図書館は [① ／ ②]

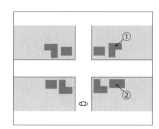

☐ (2) ✎ A: Do you know where my phone is?　I thought I'd left it on the

　　　＿＿＿＿＿＿＿＿＿＿＿.

　✎ B: I think I saw it in the kitchen.　Maybe on the ＿＿＿＿＿＿＿＿＿＿＿.

　　A: I've looked everywhere in the kitchen, but I can't find it.

　✎ B: Oh, I found it.　It was on the ＿＿＿＿＿＿＿＿＿＿＿!

　女性の携帯電話が見つかったのは [① ／ ②]

解答

(1) right, left, ①　A: 市立図書館がどこにあるかわかりますか。　B: ええ。この通りを行って右に曲がってください。左側に見えますよ。　A: ありがとうございます。

(2) table, microwave, sofa, ②　A: 私の携帯電話がどこにあるか知っている？　テーブルに置いたと思ったのだけど。　B: キッチンで見た気がする。電子レンジの上かな。　A: キッチンはすみずみまで見たけど見つからないの。　B: あ，あった。ソファの上だよ！

Hints!

top, bottom や left, right, second, third などの位置・順番関係を表す語の，音とイメージを結びつけましょう。

ドリル
1 2 3 4

音声を聞いて，当てはまる英語を空所に書きましょう。また，図の中で指示に合うものを選びましょう。

🔊 419 ～ 420

Chapter
4

☐ (1)　A: Where should these socks go?

✎ B: Put them in _____.

✎ A: On the _____ ?

✎ B: No, _____.

男性が靴下をしまうのは［ ① ／ ② ］

☐ (2)　A: You're here in Tokyo on business, right? When did you leave Nagoya?

✎ B: The _____.

✎ A: On _____ ?

✎ B: Yes, and I have to go back to Nagoya _____.

女性が名古屋へ出発するのは［ ① ／ ② ］

Monday	Tuesday	Wednesday	Thursday	Friday	Saturday	Sunday
				1	① 2	3
4	② 5	6	7	8	9	10
11	12	13	14	15	16	17

解 答

(1) the second drawer from the top，left，the other one，②　A: この靴下はどこに入れればいい？　B: 上から2番目の引き出しに入れて。　A: 左側？　B: いいえ，反対側。　▶drawer 图 引き出し

(2) day before yesterday，Saturday，tomorrow，②　A: 仕事でここ東京にいるんですね？　名古屋をいつ出発したのですか。　B: 一昨日です。　A: 土曜日ですか。　B: はい，そして明日，名古屋に戻らなければなりません。

会話が進む中で情報が追加されたり，修正されたりすることがあるので注意しましょう。

 音声を聞いて，当てはまる英語を空所に書きましょう。また，図の中で指示に合うものを選びましょう。

421
〜
422

□(1) A: Let's sit in the front row.

B: It's hard to see the stage, isn't it?

A: It is a bit. Do you go to the bathroom a lot?

B: Yeah. _____

A: OK. Let's sit there.

話者が座る席は［ ① ／ ② ］

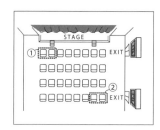

□(2) A: Did you check the weather forecast for this weekend?

B: Yes. Saturday looks good. _____

A: Will the weather last till Sunday?

B: Probably not. _____

_____

話者が見ている天気予報は［ ① ／ ② ］

解　答

(1) I think the seats near the exit are better., ②　A: 一番前の席に座ろうよ。　B: ステージが見にくくない？　A: そうかもね。君，トイレ近い？　B: そうね。出口の近くの席のほうがいいと思う。　A: うん。そこに座ろう。
▶ bathroom 图 トイレ

(2) It'll be sunny all day., It'll be cloudy in the morning and then start to rain., ①　A: 今週末の天気予報はチェックした？　B: ええ。土曜日はいいみたい。一日中晴れるわね。　A: 日曜日まで持つかな？　B: だめみたい。午前中は曇りで，そのあと，雨が降り出すそうよ。▶ weather forecast 天気予報

ドリル
123 **4**　音声を聞いて，英語に合う内容を選びましょう。また，図の中で指示に合う場所を選びましょう。

□ **(1)** コンビニエンスストアへは次の信号で［ ①右折／②左折 ］する。

　　曲がったあとは［ ①突き当りまで／②2 ブロック ］進む。

　　コンビニエンスストアは［ ①右側／②左側 ］にある。

　　コンビニエンスストアの場所は［ ①／② ］

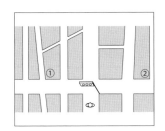

□ **(2)** 女性の席は［ ①左側／②中央／③右側 ］のブロック。

　　女性の席は［ ①最前列／②前から 3 列目／③後ろから 3 列目 ］である。

　　女性の席の場所は［ ①／②／③ ］

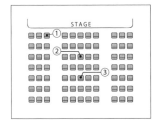

解 答

(1) ②，②，①，①　A: Is there a convenience store around here?　このあたりにコンビニエンスストアはありますか。
B: Yes, there is. Keep going and turn left at the next traffic lights.　はい，あります。このまま行って，次の信号を左に曲がってください。　A: Go straight and then turn left?　直進して，それから左に曲がるんですね。　B: Yes. And it'll be two blocks down on your right.　はい。そうしたら 2 ブロック行くと右側にありますよ。　A: Thank you.　ありがとうございます。

(2) ②，②，②　A: Could you tell me where my seat is? I can't find it.　私の席がどこなのか教えていただけますか。見つからないのです。　B: Sure. Let me see your ticket. Oh, it's a good seat. It's in the middle of the third row.　いいですよ。チケットを見せてください。ああ，いい席ですね。3 列目の真ん中ですよ。　A: The third from the front?　前から 3 列目ですか。　B: Right.　そうです。

モノローグの聞き取り

424
～
426

> ―情報の聞き取りと整理―

　リスニング問題で出題されるモノローグ（話者1人による語り）にはアナウンスやニュース，情報提供，講義などが含まれます。30秒から1分程度の音声を聞き，必要な情報を整理しながら取得することが求められます。

1　アナウンスの聞き取り

学習ページ ▶ 1. (p.124), 2. (p.128)

　アナウンスの目的や意図を理解し，取得するべき情報を整理しながら，正確に聞き取りましょう。入試問題では**設問や選択肢**が内容のヒントになるので，先に読めるとよいでしょう。

例（遊園地の園内アナウンス）

　Good evening!　I hope you're all enjoying your time at Super Goose Amusement Park.　The park will be closing in just 90 minutes.　If you haven't already ridden Goosy Roller Coaster, now might be your chance.　Wait time for the roller coaster is now only fifteen minutes!　Don't miss out!

全訳　こんばんは！　皆さんはスーパーグース遊園地でのひとときを楽しんでいますか。当園はあと90分で閉園時間となります。もしグーシーローラーコースターにまだ乗っていないなら，今がチャンスです。今ならローラーコースターの待ち時間はたった15分ですよ！　お見逃しなく！

　⇒このアナウンスであれば，「閉園までの残り時間」「コースターの現在の待ち時間」などが問われることになります。
　駅・空港や商業施設での案内などもよくあります。**数値や位置・時間の前後関係**を表す前置詞などに注意しましょう。

2　情報提供・ニュースの聞き取り

学習ページ ▶ 3. (p.132), 4. (p.136)

　ニュースや天気予報や交通情報など，メディアから提供される情報には，通例，短時間に複数の事柄が盛り込まれます。**場所，時刻，出来事，原因**など，提供される情報の項目や種類はさまざまです。

例（天気予報）

　This week's sunny skies will start to fill with clouds by early Saturday.　Temperatures on Saturday afternoon will be in the low 20s, but it will be very windy outside.　The skies will remain cloudy on Sunday.　The high humidity and windy conditions will also stick around till Monday morning.

全訳　今週の晴れ空は土曜日はじめまでに徐々に雲に覆われ始めるでしょう。土曜日午後の気温は 20 度台前半ですが，外はとても風が強いでしょう。日曜日は曇り空が残るでしょう。湿度が高く，風の強い状況は月曜日の午前中まで続く見込みです。

⇒天気の経過について聞き取ります。「土曜日の午後の天気」「月曜日の午前中までどのような状態が続くか」など，設問になりそうなポイントが多数含まれています。

　天気予報では sunny，high humidity などの天気にかかわる語句だけでなく，曜日や this morning，early Saturday，afternoon などの「時」を表す表現に注意しましょう。**ニュース**の場合はいわゆる「**5W1H**」に注意を向けて聞きます。

3　講義・ガイダンスの聞き取り　　学習ページ ▶ 5. (p.140)，6. (p.144)，7. (p.148)

　トピックは多様なので，音声の最初のほうで，どんな**話題**が述べられるのかを聞き取ります。そのあと，話者の持つ**問題意識**とそれに対する**話者の考え**を聞くようにします。講義では知識の伝達に終始する場合もあります。

　例（最も背の高い動物について）

　Do you know what the tallest animal in the world is? Of all living land animals, the tallest is the giraffe. Males can measure between five to six meters in height, while females can grow up to about five meters. Interestingly, the giraffe's body is slightly smaller than that of the average horse. So, the giraffe's height comes mostly from its legs and neck.

全訳　世界で最も背の高い動物は何かわかりますか。陸上の現生動物で最も背が高いのはキリンです。オスは 5〜6 メートルの体高になりますし，メスは約 5 メートルに達することがあります。興味深いことに，キリンの胴体自体は平均的な馬よりも少し小さいのです。したがってキリンの背の高さの大半はその足と首から来ていることになります。

⇒ここではキリンの「オス・メスの身長」や「胴体の大きさ」などを聞き取ります。

　講義形式で伝えられる内容は**文化・社会・自然・科学技術**など多岐にわたります。論説文と同じく**トピックや主張**が初めに語られたり，終わりのほうで，それを言い換えた形で繰り返されたりすることもあります。日時・年などの**数値**や**倍数**，**比較**の表現はポイントになることが多いので気をつけます。**ガイダンス**では，「このあとどうするか」といった設問がある場合もあります。

1 >>> アナウンスの聞き取り①

ポイント

- 駅のプラットホームなど鉄道のアナウンスでは，列車名，行き先，ホーム番号，発車時間などを聞き取る
- 自由席，指定席，特別車など，鉄道特有の表現に注意する

ドリル 1234　音声を聞いて，当てはまる英語または数字を空所に書きましょう。

427

☐ 🖉 Good morning. Thank you for using the JER Line. The (1)＿＿＿＿＿＿＿＿＿＿ a.m. special express Ryu-sei 205 bound for Kobugahara is arriving at (2)＿＿＿＿＿＿＿＿＿＿ 9. Please stay behind the yellow line on the platform. This train has eight cars. Car number 1 is at the front of the train, and Car number 8 is at the (3)＿＿＿＿＿＿＿＿＿＿. Car number 7 is the Green Car for passengers (4)＿＿＿＿＿＿＿＿＿＿ Green-Car tickets. Cars 1 through 3 are for passengers without seat (5)＿＿＿＿＿＿＿＿＿＿.

解答

(1) 7:15　(2) Track　(3) rear　(4) holding　(5) reservations

おはようございます。JER 線をご利用いただきありがとうございます。午前 7 時 15 分発のコブガハラ行き特別急行「流星 205 号」は 9 番線に到着いたします。ホームの黄色い線の内側でお待ちください。この列車は 8 両編成です。列車の先頭が 1 号車，最後部が 8 号車になります。7 号車はグリーン車で，グリーン車の切符をお持ちのお客様専用の車両です。1 号車から 3 号車までは席の予約をしていないお客様の車両です［自由席です］。

▶ special express 特急列車／bound for ～　～行きの／track 图 プラットホーム／car 图（列車の）車両／front 图 前方／rear 图 最後部／passenger 图 乗客／reservation 图 予約

「駅のプラットホームのアナウンス」の続きです。

ドリル 2 （1 2 3 4） ドリル1の続きの音声を聞いて，当てはまる英語を空所に書きましょう。
428

Smoking is not (1)_____ on this train (2)_____ in the designated smoking rooms (3)_____ in Cars 3, 5, and 7. The smoking room in Car number 7 is for passengers in the Green Car only. Please do not smoke in the areas at either end of the cars. This train will be (4)_____ at Furuyama, Namioka, Shin-Kaizuka, and Shin-Ohara before arriving at Kobugahara (5)_____ . Thank you.

解 答

(1) allowed　(2) except　(3) located　(4) stopping　(5) terminal

この列車内での喫煙は，3号車，5号車，7号車に設置された指定の喫煙室を除き禁止されております。7号車の喫煙室はグリーン車のお客様専用です。車両のデッキ部分での喫煙はご遠慮ください。この列車は終点コブガハラに到着するまでに，フルヤマ，ナミオカ，シンカイズカ，シンオオハラに止まります。ご乗車ありがとうございます。

▶ allow 動 ～を許可する／except 前 ～を除いて／designated 形 指定された／(be) located in ～　～に位置している／end 图 端／terminal 图 終点，ターミナル駅

「駅のプラットホームのアナウンス」を通して聞いてみましょう。

ドリル 1 2 ③ 4 ドリル1とドリル2の音声全体を聞いて，当てはまる英語を空所に書きましょう。

 429

☐ ✎ Good morning. Thank you for using the JER Line. The 7:15 a.m. special express Ryu-sei 205 bound for Kobugahara is arriving at Track 9.

Please (1)＿＿＿＿＿＿＿＿＿＿＿＿＿＿＿＿＿＿＿＿ on the platform. This train has eight cars. Car number 1 is (2)＿＿＿＿＿＿＿＿＿＿＿＿＿＿＿＿ ＿＿＿＿＿＿＿＿＿＿, and Car number 8 is at the rear. Car number 7 is the Green Car for passengers holding Green-Car tickets. Cars 1 through 3 are for passengers (3)＿＿＿＿＿＿＿＿＿＿＿＿＿＿＿＿＿＿. Smoking is not allowed on this train except in the designated smoking rooms located in Cars 3, 5, and 7. The smoking room in Car number 7 is for (4)＿＿＿＿＿＿＿＿＿＿＿＿＿＿＿＿＿＿ only. Please do not smoke in the areas (5)＿＿＿＿＿＿＿＿＿＿＿＿＿＿＿＿＿＿. This train will be stopping at Furuyama, Namioka, Shin-Kaizuka, and Shin-Ohara before arriving at Kobugahara terminal. Thank you.

解 答

(1) stay behind the yellow line （黄色い線の内側で待つ）

(2) at the front of the train （列車の先頭に）

(3) without seat reservations （座席の予約なしで）

(4) passengers in the Green Car （グリーン車の乗客）

(5) at either end of the cars （車両の両端で＝車両のデッキ部分で）

▶ 全文訳はドリル1・2参照。

Hints!

「駅のプラットホームのアナウンス」をもう一度聞き，細部の情報が聞き取れているか確認します。

ドリル 1 2 3 4 音声を聞いて，内容に合うものを選びましょう。

430

□ **(1)** この列車は **(a)**［① 7 番線／② 8 番線／③ 9 番線］から **(b)**［① 6:15／② 7:15／③ 8:15］に出発する。

□ **(2)** この列車は［① 7 両／② 8 両／③ 9 両］編成である。

□ **(3)** グリーン車は［① 5 号車／② 6 号車／③ 7 号車／④ 8 号車］である。

□ **(4)** 自由席は［① 1，2，3 号車／② 2，3，4 号車／③ 3，4，5 号車］である。

□ **(5)** 喫煙室は［① 1，2，3 号車／② 2，4，6 号車／③ 3，5，7 号車］にある。

Chapter
5

解答

(1) (a) ③，(b) ②　(2) ②　(3) ③　(4) ①　(5) ③

Good morning. Thank you for using the JER Line. The 7:15 a.m. special express Ryu-sei 205 bound for Kobugahara is arriving at Track 9. Please stay behind the yellow line on the platform. This train has eight cars. Car number 1 is at the front of the train, and Car number 8 is at the rear. Car number 7 is the Green Car for passengers holding Green-Car tickets. Cars 1 through 3 are for passengers without seat reservations. Smoking is not allowed on this train except in the designated smoking rooms located in Cars 3, 5, and 7. The smoking room in Car number 7 is for passengers in the Green Car only. Please do not smoke in the areas at either end of the cars. This train will be stopping at Furuyama, Namioka, Shin-Kaizuka, and Shin-Ohara before arriving at Kobugahara terminal. Thank you.

＞ 全文訳はドリル 1・2 参照。

2 ››› アナウンスの聞き取り②

ポイント

● 飛行機の機内アナウンスは，離陸時，着陸時に行われるものが重要である
● 現地時間での到着時刻，現地の天気，遅延などの情報を聞き取る

ドリル 1 2 3 4 音声を聞いて，当てはまる英語を空所に書きましょう。

431

☐ ✎ Good morning, we have just **(1)**_____ at Chuo Japan International Airport. The **(2)**_____ time here is now 20 minutes past nine in the morning, and the **(3)**_____ outside is 20 degrees Celsius. We ask that you **(4)**_____ seated until we have reached the gate, and the captain has switched off the seatbelt **(5)**_____ .

解 答

(1) landed　(2) local　(3) temperature　(4) remain　(5) sign

おはようございます，ただいま当機は中央日本国際空港に着陸しました。時刻は現地時間午前 9 時 20 分，外気温は摂氏 20 度でございます。当機がゲートに入り，機長がシートベルトの表示をオフにするまで，座席についたままでお待ちください。

▶ land 動 着陸する／international 形 国際の／local time　地域時間／temperature 名 温度／degree 名 度／Celsius 名 摂氏（℃）／remain 動 〜のままでいる／sign 名 表示，サイン

ドリル
1**2**3 4

ドリル1の続きの音声を聞いて，当てはまる英語を空所に書きましょう。

432

☐ ✎ We would like to (1)＿＿＿＿＿＿＿＿＿＿ you to keep all electronic devices turned off until you are inside the terminal. Please take care when you open the (2)＿＿＿＿＿＿＿＿＿＿ bins as the contents may slip out. Please (3)＿＿＿＿＿＿＿＿＿＿ from talking on the phone as it may bother the people seated around you. The (4)＿＿＿＿＿＿＿＿＿＿ would like to thank you for flying with Northeast Japan Airlines. We wish you a (5)＿＿＿＿＿＿＿＿＿＿ stay here in Japan. Thank you.

解 答

(1) remind (2) overhead (3) refrain (4) crew (5) pleasant

お客様におかれましてはターミナルビルにお入りになるまで電子機器はすべて電源をお入れにならないようお願い申し上げます。中のお荷物が滑り落ちることがございますので，頭上の荷物入れを開ける際にはご注意ください。まわりのお客様のご迷惑となりますので，携帯電話での通話はご遠慮ください。ノースイーストジャパンエアラインにご搭乗いただき乗務員一同感謝申し上げます。皆様の日本でのご滞在がすばらしいものとなりますようお祈り申し上げます。ありがとうございました。

▶ remind ～ to *do* 　～に…することに注意を喚起する／keep O C 　O を C にしておく／electronic device 　電子機器／terminal 图（空港の）ターミナルビル／overhead 形 頭上の／bin 图 荷物入れ，ふた付きの大箱／content 图 中身，内容物／refrain from *doing* 　…することを控える／bother 動 ～を煩わす／crew 图（飛行機の）乗務員／pleasant 形 楽しい，心地よい

Chapter

5

ドリル1とドリル2の音声全体を聞いて，当てはまる英語を空所に書きましょう。

433

☐ ✎ Good morning, we have just landed at Chuo Japan International Airport. (1)_____ is now 20 minutes past nine in the morning, and the temperature outside is 20 degrees Celsius. We ask that you remain seated until (2)_____ _____, and the captain has switched off the seatbelt sign. We would like to remind you to (3)_____ _____ until you are inside the terminal. Please take care when you open the overhead bins as (4)_____. Please refrain from talking on the phone as it may bother the people seated around you. The crew would like to thank you for flying with Northeast Japan Airlines. We (5)_____ here in Japan. Thank you.

解 答

(1) The local time here （現地の時刻）

(2) we have reached the gate （ゲートに到着する）

(3) keep all electronic devices turned off （すべての電子機器の電源を切っておく）

(4) the contents may slip out （中身がすべり落ちるかもしれない）

(5) wish you a pleasant stay （お客様にとって快適な滞在になるよう祈る）

> 全文訳はドリル1・2参照。

Hints!

「飛行機の機内アナウンス」をもう一度聞き，細部の情報が聞き取れているか確認します。

ドリル 123 4　音声を聞いて，内容に合う日本語を選びましょう。

434

☐ **(1)** 飛行機はたった今 [①離陸した／②安定飛行に入った／③着陸した]。

☐ **(2)** 現地の時刻は午前 [① 8 時 40 分／② 9 時ちょうど／③ 9 時 20 分] である。

☐ **(3)** 現地の外気温は摂氏 [① 10 度／② 20 度／③ 30 度] である。

☐ **(4)** ターミナルビルの中で電子機器は [①使用できる／②使用できない]。

Chapter
5

解答

(1) ③　(2) ③　(3) ②　(4) ①

Good morning, we have just landed at Chuo Japan International Airport. The local time here is now 20 minutes past nine in the morning, and the temperature outside is 20 degrees Celsius. We ask that you remain seated until we have reached the gate, and the captain has switched off the seatbelt sign. We would like to remind you to keep all electronic devices turned off until you are inside the terminal. Please take care when you open the overhead bins as the contents may slip out. Please refrain from talking on the phone as it may bother the people seated around you. The crew would like to thank you for flying with Northeast Japan Airlines. We wish you a pleasant stay here in Japan. Thank you.

> 全文訳はドリル 1・2 参照。

3 >>> 情報提供・ニュースの聞き取り①

ポイント

- 天気予報では，天気や気温を表す形容詞や名詞，数値を聞き取る
- 天気は時刻や場所によって変化するので，日付や時刻，場所と関連付けて聞き取る

ドリル 1 2 3 4 音声を聞いて，当てはまる英語を空所に書きましょう。

435

Good afternoon, I'm Ken Yamada from East Tokyo News. Let's take a look at today's weather. This morning it was (1)＿＿＿＿＿＿＿＿＿ and warm. Since then it's become quite (2)＿＿＿＿＿＿＿＿＿. It's now 23 degrees, which is a little cooler than it was earlier today. Later tonight, we'll have some (3)＿＿＿＿＿＿＿＿ and the temperature will continue to go (4)＿＿＿＿＿＿＿＿ to around 19 degrees. We expect more (5)＿＿＿＿＿＿＿＿ weather over the next few days.

解 答

(1) sunny　(2) cloudy　(3) rain　(4) down　(5) changeable

こんにちは，イーストトーキョーニュースのヤマダ・ケンです。本日の天気を見てみましょう。今朝は晴れていて暖かったですが，そのあとかなり曇ってきました。現在は朝よりも少し涼しく，23度になっています。今夜遅くには雨が降り，気温はさらに19度前後まで下がるでしょう。この先数日間はより変わりやすい天気が予想されます。

▶ weather 图天気／sunny 形晴れた／cloudy 形曇りの／go down　(気温が)下がる／changeable 形変わりやすい／over the next few days　この先数日間

「天気予報」の続きです。

ドリル 1 2 3 4
ドリル1の続きの音声を聞いて，当てはまる英語を空所に書きましょう。

436

☐ ✎ Tomorrow, on (1)＿＿＿＿＿＿＿＿＿＿, we'll still have some rain in the morning, but in the afternoon, it'll be (2)＿＿＿＿＿＿＿＿＿ cloudy with occasional sun. The temperature will reach a high of 24 degrees. On Tuesday, we'll have some (3)＿＿＿＿＿＿＿＿＿ weather. We expect heavy rain and strong (4)＿＿＿＿＿＿＿＿ all day. The temperature will be about 22 degrees, but it may feel a little (5)＿＿＿＿＿＿＿＿ than that due to the strong winds.

解 答

(1) Monday (2) partly (3) stormy (4) winds (5) colder

明日月曜日は午前中にまだ雨が残りますが，午後は晴れときどき曇りでしょう。気温は24度まで上がる見込みです。火曜日は暴風雨になります。1日中降雨量が多く，風が強いでしょう。気温は22度前後ですが，強風のためそれよりも少し肌寒く感じるかもしれません。

▶ partly 副 いくぶん，ある程度は／occasional 形 時折の／stormy 形 暴風雨の，嵐の／due to 〜　〜（という原因）のために

ドリル **3** ドリル1とドリル2の音声全体を聞いて，当てはまる英語を空所に書きましょう。

437

☐ ✎ Good afternoon, I'm Ken Yamada from East Tokyo News. Let's take a look at today's weather. This morning it was sunny and warm. Since then it's become quite cloudy. It's now 23 degrees, which is (1)＿＿＿＿＿＿＿＿＿＿

＿＿＿＿＿＿＿＿＿＿＿＿ than it was earlier today. Later tonight, we'll have some rain and the temperature will continue to go down to around 19 degrees. We expect more changeable weather (2)＿＿＿＿＿＿＿＿＿＿

＿＿＿＿＿＿＿＿＿＿. Tomorrow, on Monday, we'll still have some rain in the morning, but in the afternoon, it'll be (3)＿＿＿＿＿＿＿＿＿＿

＿＿＿＿＿＿＿＿＿＿＿＿＿＿. The temperature will reach a high of 24 degrees. (4)＿＿＿＿＿＿＿＿＿＿＿＿＿＿＿＿＿＿, we'll have some stormy weather. We expect heavy rain and strong winds all day. The temperature will be about 22 degrees, but it may feel a little colder than that (5)＿＿＿＿＿＿＿＿＿＿＿＿＿＿＿＿＿＿.

解答

(1) a little cooler （少し涼しくなっている）

(2) over the next few days （この先数日間）

(3) partly cloudy with occasional sun （晴れときどき曇り）

(4) On Tuesday （火曜日に）

(5) due to the strong winds （強風のため）

＞ 全文訳はドリル1・2参照。

ドリル
1234

音声を聞いて，内容に合う日本語を選びましょう。

438

☐ **(1)** 今朝の天気は［①晴れ／②曇り／③雨］だった。

☐ **(2)** 現在の気温は［① 19 度／② 23 度／③ 24 度］である。

☐ **(3)** 今夜遅くに［①雨が降る／②雨が上がる／③風が強まる］。

☐ **(4)** 明日の午後は［①晴れ間が出る／②嵐になる／③気温が下がる］。

☐ **(5)** 火曜日は［①天気が安定する／②暖かく感じる／③暴風雨になる］。

Chapter
5

解 答

(1) ①　(2) ②　(3) ①　(4) ①　(5) ③

Good afternoon, I'm Ken Yamada from East Tokyo News. Let's take a look at today's weather. This morning it was sunny and warm. Since then it's become quite cloudy. It's now 23 degrees, which is a little cooler than it was earlier today. Later tonight, we'll have some rain and the temperature will continue to go down to around 19 degrees. We expect more changeable weather over the next few days. Tomorrow, on Monday, we'll still have some rain in the morning, but in the afternoon, it'll be partly cloudy with occasional sun. The temperature will reach a high of 24 degrees. On Tuesday, we'll have some stormy weather. We expect heavy rain and strong winds all day. The temperature will be about 22 degrees, but it may feel a little colder than that due to the strong winds.

> 全文訳はドリル1・2参照。

4 >>> 情報提供・ニュースの聞き取り②

ポイント

● 交通情報では，道路名，方向や方面，事故や渋滞情報を聞き取る
● 事故や渋滞の情報はその影響や場所，原因など，より詳細な情報を聞き取ることが求められる

ドリル 1 2 3 4 音声を聞いて，当てはまる英語を空所に書きましょう。

439

☐ ✎ Here's your 8:30 a.m. ETN Traffic Update. **(1)** _____
traffic on the E5 Expressway continues to **(2)** _____ as
people leave the city to spend time with family during the holiday season.
You can expect the trip to take **(3)** _____
(4) _____ **(5)** _____ hours longer than
usual.

解 答

(1) Northbound　(2) increase　(3) one　(4) to　(5) two

午前 8 時 30 分現在の ETN の最新の交通情報をお届けします。E5 高速道路の北行きの交通量が増え続けています。これはホリデーシーズンに人々が家族と過ごすために街を離れているためです。E5 の北に向かう方面は通常より 1，2 時間多くかかることが見込まれます。

▶ traffic 名 交通（量）／update 名 最新情報／northbound 形 北行きの／expressway 名 高速道路／
　holiday season　ホリデーシーズン（8 月やクリスマス期など）

ドリル
1 **2** 3 4　ドリル1の続きの音声を聞いて，当てはまる英語を空所に書きましょう。

440

(1) _____, on the C3 Expressway, a car has stopped in the far-right lane near the Sambongi exit. It's causing traffic to slow down there. On the (2) _____ side of the C3, there's been an accident just (3) _____ Chichibu-yama. The accident is between a semi-trailer and two cars. Two lanes have been (4) _____ off temporarily. The D4 Expressway is clear going north and south. We'll be back again at 9:15 a.m. with (5) _____ .

解答

(1) Westbound　(2) eastbound　(3) outside　(4) closed　(5) updates

C3 高速道路の西行きで，サンボンギ出口の近くの右端の車線に車が止まっていて，車の流れが悪くなっています。C3 高速道路の東行きでは，チチブヤマ郊外で事故が発生しました。セミトレーラーと他の 2 台の車が絡む事故で，一時的に 2 車線が閉鎖されています。D4 高速道路は北方向も南方向も車の流れは良好です。午前 9 時 15 分に最新情報を再びお伝えします。

▶ westbound 形 西行きの／far-right 形 右端の／exit 名 出口／eastbound 形 東行きの／semi-trailer 名 セミトレーラー／close off ～　～の流れをせき止める／clear 形 （道路が）すいている

「交通情報」を通して聞いてみましょう。

 ドリル1とドリル2の音声全体を聞いて，当てはまる英語を空所に書きましょう。

 441

☐ ✎ Here's your 8:30 a.m. ETN Traffic Update. Northbound traffic on the E5 Expressway continues to increase as (1)_____ _____ to spend time with family during the holiday season. You can expect the trip to take one to two hours (2)_____ _____. Westbound, on the C3 Expressway, a car has stopped (3)_____ near the Sambongi exit. It's causing traffic to slow down there. On the eastbound side of the C3, (4)_____ just outside Chichibu-yama. The accident is between a semi-trailer and two cars. Two lanes have been closed off temporarily. The D4 Expressway is (5)_____ _____. We'll be back again at 9:15 a.m. with updates.

解 答

(1) people leave the city （人々が街から離れている）

(2) longer than usual （通常より長い）

(3) in the far-right lane （右端の車線で）

(4) there's been an accident （事故があった）

(5) clear going north and south （北方向も南方向もすいている）

> 全文訳はドリル1・2参照。

「交通情報」をもう一度聞き，細部の情報が聞き取れているか確認します。

ドリル 1 2 3 4 音声を聞いて，内容に合う日本語を選びましょう。

442

☐ **(1)** E5 高速道路の［ ①東行き／②西行き／③南行き／④北行き ］が混雑している。

☐ **(2)** C3 高速道路の［ ①東行き／②西行き／③南行き／④北行き ］は停車中の車があり流れが悪くなっている。

☐ **(3)** C3 高速道路の［ ①東行き／②西行き／③南行き／④北行き ］で事故があった。

☐ **(4)** C3 高速道路の事故で［ ①１車線／②２車線／③３車線 ］が閉鎖されている。

☐ **(5)** D4 高速道路は両方向で［ ①流れが悪い／②閉鎖されている／③流れがよい ］。

解 答

(1) ④　(2) ②　(3) ①　(4) ②　(5) ③

Here's your 8:30 a.m. ETN Traffic Update. Northbound traffic on the E5 Expressway continues to increase as people leave the city to spend time with family during the holiday season. You can expect the trip to take one to two hours longer than usual. Westbound, on the C3 Expressway, a car has stopped in the far-right lane near the Sambongi exit. It's causing traffic to slow down there. On the eastbound side of the C3, there's been an accident just outside Chichibu-yama. The accident is between a semi-trailer and two cars. Two lanes have been closed off temporarily. The D4 Expressway is clear going north and south. We'll be back again at 9:15 a.m. with updates.

> 全文訳はドリル1・2参照。

5 >>> 講義・ガイダンスの聞き取り①

ポイント

- 生活する上でのノウハウや注意すべき点が講義形式で語られる場合がある
- 背景となっている問題点を聞き取り，それに対する話者や識者の意見や主張を聞き取る

ドリル 1 234　音声を聞いて，当てはまる英語を空所に書きましょう。
443

☐ 🖉 If you have a car, how often do you check the (1)_____?

Most automobile owners check the gas and oil in their cars

(2)_____.　　　　However, they're quite likely to

(3)_____ to check something else that's just as important.

(4)_____ show that about a quarter of automobiles in the

United States have tires that are in (5)_____ condition.

解答

(1) tires　(2) regularly　(3) forget　(4) Statistics　(5) poor

あなたが車を持っているとしたら，タイヤはどれくらいの頻度で点検しますか。自動車所有者のほとんどが自分の車のガソリンとオイルは定期的に点検します。しかし，彼らは他と全く同じくらい重要なものを点検し忘れている可能性がかなり高いです。統計によると，アメリカの自動車のおよそ4分の1は状態の悪いタイヤをつけています。

▶ tire 图 タイヤ／automobile 图 自動車／owner 图 所有者／regularly 副 定期的に／*be* likely to *do* …する可能性が高い／statistics 图 統計／a quarter of ～ ～の4分の1／condition 图 状態

444

Hints!

「自動車のタイヤのチェックについて」の講義の続きです。

ドリル
1 **2** 3 4　ドリル1の続きの音声を聞いて，当てはまる英語を空所に書きましょう。

☐ ✎ Some tires are too old or too (1)_____. Others have too much or too little air (2)_____. Experts say that you should take a (3)_____ look at your tires every time you use your car.　It's also a good idea to check the air pressure in your tires (4)_____ a week, especially in the summer and winter seasons.　This will help you (5)_____ a flat tire or a blowout on the road.

解 答

(1) worn　(2) pressure　(3) quick　(4) once　(5) avoid

古すぎるか，あまりに使い古されたタイヤもあります。空気圧が高すぎたり低すぎたりするタイヤもあります。専門家は，車を使うたびにさっとタイヤの点検を行うべきだと言います。特に夏場や冬場には週に1回タイヤの空気圧を確かめるのもよい考えです。こうすることで，道路上でのパンクや破裂を防ぐことになるでしょう。

▶ worn 形 使い古された／air pressure　空気圧／expert 名 専門家／take a look at ～　～を見る，点検する／avoid 動 ～を避ける／flat tire　タイヤのパンク／blowout 名 破裂

「自動車のタイヤのチェックについて」の講義を通して聞いてみましょう。

 ドリル1とドリル2の音声全体を聞いて，当てはまる英語を空所に書きましょう。 445

☐ ✎ If you have a car, how often do you check the tires? Most automobile owners

(1) _____ in their cars regularly.

However, they're quite likely to forget to check something else that's

(2) _____ . Statistics show that

about a quarter of automobiles in the United States have tires that are in poor

condition. Some tires are too old or too worn. Others have (3) _____

_____ . Experts say that you

should (4) _____ at your tires

every time you use your car. It's also a good idea to check the air pressure

in your tires once a week, especially in the summer and winter seasons. This

will help you avoid (5) _____ on

the road.

解答

(1) check the gas and oil　（ガソリンやオイルを点検する）

(2) just as important　（全く同じように重要な）

(3) too much or too little air pressure　（空気圧が高すぎたり低すぎたりして）

(4) take a quick look　（さっと点検する）

(5) a flat tire or a blowout　（パンクや破裂）

＞全文訳はドリル1・2参照。

「自動車のタイヤのチェックについて」の講義をもう一度聞き，細部の情報が聞き取れているか確認します。

 音声を聞いて，内容に合う日本語を選びましょう。

446

☐(1) 自動車の所有者のほとんどはタイヤの点検を［①定期的にしている／②週1回している／③し忘れている］。

☐(2) 統計によるとアメリカの自動車の［①ほとんど／②半分／③約4分の1］はタイヤの状態が悪い。

☐(3) 専門家は，自動車を使うたびにさっと［①タイヤ／②空気圧／③オイル］の点検をすべきだと言っている。

☐(4) タイヤの空気圧の点検は特に［①冬と春に／②夏と秋に／③夏と冬に］週1回程度するほうがよい。

☐(5) タイヤの点検を定期的にすることで［①燃費がよくなる／②パンクを防げる／③車が長持ちする］。

Chapter
5

解答

(1) ③　(2) ③　(3) ①　(4) ③　(5) ②

If you have a car, how often do you check the tires? Most automobile owners check the gas and oil in their cars regularly. However, they're quite likely to forget to check something else that's just as important. Statistics show that about a quarter of automobiles in the United States have tires that are in poor condition. Some tires are too old or too worn. Others have too much or too little air pressure. Experts say that you should take a quick look at your tires every time you use your car. It's also a good idea to check the air pressure in your tires once a week, especially in the summer and winter seasons. This will help you avoid a flat tire or a blowout on the road.

＞全文訳はドリル1・2参照。

6 >>> 講義・ガイダンスの聞き取り②

ポイント

- 地理に関する情報は，位置，気候，土地の特徴，文化，歴史などを聞き取る
- 歴史についての情報の聞き取りでは，年代と出来事を結びつけることが重要である

ドリル 1 2 3 4 音声を聞いて，当てはまる英語を空所に書きましょう。

447

☐ ✎ Fiji is a (1)_____ that lies 2,100 kilometers north of New Zealand in the South Pacific Ocean. It is (2)_____ of more than 300 islands. People only live on one-third of them. The (3)_____ are nature preserves. The first (4)_____ arrived from neighboring islands about 3,500 years ago. The first (5)_____ to discover the Fiji Islands was a Dutch explorer in the 17th century.

解 答

(1) nation (2) composed (3) rest (4) settlers (5) European

フィジーは南太平洋のニュージーランドの北方 2,100 キロメートルに位置する国家です。300 を超える島々から成ります。島のうち 3 分の 1 にしか人が住んでおらず，残りは自然保護区域です。最初の定住者はおよそ 3,500 年前に近くの島々からやって来ました。フィジー島を発見した最初のヨーロッパ人は 17 世紀のオランダ人探検家でした。

▶ nation 图 国家／the South Pacific Ocean 南太平洋／be composed of ～ ～から成る／one-third 3 分の 1／rest 图 残り／nature preserve 自然保護区域／settler 图 定住者／neighboring 形 隣接した／Dutch 形 オランダ（人）の／explorer 图 探検家

「フィジー島について」の講義の続きです。

ドリル
1**2**3 4 ドリル1の続きの音声を聞いて，当てはまる英語を空所に書きましょう。

448

☐ ✎ In 1874, Fiji became a British (1)_____. After nearly a century of British control, it finally became (2)_____ in 1970. Fiji's two main islands, Viti Levu and Vanua Levu, are mountainous, which is why (3)_____ areas are densely populated. The (4)_____ is tropical, and the main income sources are tourism and (5)_____.

解 答

(1) colony　(2) independent　(3) coastal　(4) climate　(5) agriculture

1874 年，フィジーはイギリスの植民地になりました。イギリスの支配下に 1 世紀近く置かれたあと，1970 年にフィジーはついに独立しました。フィジーの 2 つの主要な島，ヴィティ・レヴとヴァヌア・レヴは山が多いため，沿岸地域の人口密度が高くなっています。気候は熱帯性で，主要な収入源は観光業と農業です。

▶ British 形 イギリスの／colony 名 植民地／independent 形 独立した／mountainous 形 山の（多い）／coastal 形 沿岸の／
be densely populated　人口密度の高い／climate 名 気候／tropical 形 熱帯性の／income source　収入源／tourism 名 観光業／
agriculture 名 農業

「フィジー島について」の講義を通して聞いてみましょう。

 ドリル1とドリル2の音声全体を聞いて，当てはまる英語または数字を空所に書きましょう。

449

☐ ✎ Fiji is a nation that lies (1) _____

_____ of New Zealand in the South Pacific Ocean. It is composed of more than 300 islands. People only live on (2) _____

_____. The rest are nature preserves. The first settlers arrived from neighboring islands about 3,500 years ago. The first European to discover the Fiji Islands was (3) _____

_____ in the 17th century. In 1874, Fiji became a British colony. (4) _____, it finally became independent in 1970. Fiji's two main islands, Viti Levu and Vanua Levu, are mountainous, which is why coastal areas are densely populated. The climate is tropical, and (5) _____

_____ are tourism and agriculture.

解 答

(1) 2,100 kilometers north （2,100 キロメートル北）▶ 2,100 は twenty-one hundred とも読む。

(2) one-third of them （それらの 3 分の 1）

(3) a Dutch explorer （オランダ人探検家）

(4) After nearly a century of British control （イギリスの支配下に 1 世紀近く置かれたあと）

(5) the main income sources （主要な収入源）

▶ 全文訳はドリル1・2参照。

Hints!

「フィジー島について」の講義をもう一度聞き，細部の情報が聞き取れているか確認します。

ドリル 1234

音声を聞いて，内容に合う日本語を選びましょう。

450

- □ **(1)** フィジーは［① 100／② 200／③ 300］以上の島々から成る国である。

- □ **(2)** フィジーの最初の定住者は［①ニュージーランド／②ヨーロッパ／③近隣の島］から来た。

- □ **(3)** 17世紀，フィジーに初めて［①探検家／②植民者／③ヨーロッパ人］が来た。

- □ **(4)** フィジーが独立した年は［① 1874年／② 1970年／③ 1994年］である。

- □ **(5)** フィジーの主要な島で人々が住んでいるのは主に［①沿岸部／②山間部／③島全体］である。

Chapter

5

解 答

(1)③　(2)③　(3)③　(4)②　(5)①

Fiji is a nation that lies 2,100 kilometers north of New Zealand in the South Pacific Ocean. It is composed of more than 300 islands. People only live on one-third of them. The rest are nature preserves. The first settlers arrived from neighboring islands about 3,500 years ago. The first European to discover the Fiji Islands was a Dutch explorer in the 17th century. In 1874, Fiji became a British colony. After nearly a century of British control, it finally became independent in 1970. Fiji's two main islands, Viti Levu and Vanua Levu, are mountainous, which is why coastal areas are densely populated. The climate is tropical, and the main income sources are tourism and agriculture.

> 全文訳はドリル1・2参照。

7 ››› 講義・ガイダンスの聞き取り③

ポイント

● 講座の案内では，講座名，開講場所，開講日，準備の仕方などを聞き取る
● 登録方法や成績評価の方法など，細部の聞き取りが必要な場合もある

ドリル 1234 音声を聞いて，当てはまる英語を空所に書きましょう。

451

Hello everyone!　Thank you for watching our (1)＿＿＿＿＿＿＿＿＿＿＿＿
video.　My name is William Brown, and I'm one of the
(2)＿＿＿＿＿＿＿＿＿＿ of the Summer Intensive English Course here at
Douglas University.　I really hope you'll (3)＿＿＿＿＿＿＿＿＿ our
exciting course.　The three-week online lessons will start on July 25th.　If you
would like to (4)＿＿＿＿＿＿＿＿＿＿ for the course, please click the link
on our website to go to the Summer Course registration page.　There, you
can (5)＿＿＿＿＿＿＿＿＿＿ your name and email address and answer a
few simple questions.

解答

(1) information　(2) instructors　(3) join　(4) register　(5) enter

皆さん，こんにちは！　私たちの案内ビデオをご視聴いただきありがとうございます。私の名前はウィリアム・ブラウンで，ダグラス大学の夏期集中英語講座の講師の1人です。皆さんがこのすばらしい講座に参加してくれることを願っています。3週間のオンライン講座は7月25日に開講します。講座に登録を希望する場合は私たちのウェブサイトのリンクをクリックし，夏期講座の登録ページに進んでください。そしてお名前とメールアドレスを入力し，いくつかの簡単な質問にお答えください。

▶ instructor 图 講師／intensive 形 集中的な／university 图 大学／join 動 ～に加わる／register 動 登録する／click 動 (～を)クリックする／link 图 リンク／registration 图 登録／enter 動 ～を入力する

「講座の案内」の続きです。

ドリル
1 **2** 3 4　ドリル1の続きの音声を聞いて，当てはまる英語を空所に書きましょう。

452

☐ ✎　After that, you will have to click the checkbox to show that you have read our program (1) _____ and press the enter key. It's necessary to (2) _____ this by July 16th. On July 18th, one of our staff members will send you an email with all the relevant information. This will (3) _____ a more detailed schedule, the names and email addresses of the instructors, and the online class information for your course. If you have any questions, please use the (4) _____ section below. We're looking (5) _____ to seeing you soon.

解 答

(1) policies　(2) complete　(3) include　(4) comment　(5) forward

そのあと，プログラムポリシーをお読みいただいたことを示すために，チェックボックスをクリックしてエンターキーを押してください。ここまでを 7 月 16 日までに終えていただく必要があります。7 月 18 日に，私たちのスタッフの 1 人がすべての関連情報をメールでお送りします。それにはより詳細なスケジュール，講師の名前とメールアドレス，あなたの受ける講座のオンラインクラスの情報が含まれます。質問がある場合は，下のコメント欄をお使いください。もうすぐ皆さんにお会いできるのを楽しみにしています。

▶ checkbox 图 チェックボックス（✓印を入れられる枠）／program policy　プログラムポリシー，講座の方針／press 動 ～を押す／enter key　エンターキー／complete 動 ～を終える／relevant 形 関係している／include 動 ～を含む／detailed 形 詳細な／comment section　コメント欄／look forward to *doing*　…するのを楽しみに待つ

ドリル 1 2 ③ 4 ドリル1とドリル2の音声全体を聞いて，当てはまる英語を空所に書きましょう。

453

☐ ✎ Hello everyone! Thank you for watching our information video. My name is William Brown, and I'm one of the instructors of the Summer Intensive English Course here at Douglas University. I really hope you'll join our exciting course. (1)_____ will start on July 25th. If you would like to register for the course, please (2)_____ to go to the Summer Course registration page. There, you can enter your name and email address and answer a few simple questions. After that, you will have to click the checkbox to show that you (3)_____ and press the enter key. It's necessary to complete this by July 16th. On July 18th, one of our staff members will send you an email with (4)_____. This will include a more detailed schedule, the names and email addresses of the instructors, and the online class information for your course. If you have any questions, please (5)_____ below. We're looking forward to seeing you soon.

解答

(1) The three-week online lessons　（3週間のオンライン講座）

(2) click the link on our website　（ウェブサイトのリンクをクリックする）

(3) have read our program policies　（プログラムポリシーを読んだ）

(4) all the relevant information　（すべての関連情報）

(5) use the comment section　（コメント欄を使う）

> 全文訳はドリル1・2参照。

音声を聞いて，内容に合う日付や日本語を選びましょう。

454

- □ **(1)** この夏期講座は［①7月24日／②7月25日／③7月26日］に始まる。

- □ **(2)** 講座参加に向けて，事前に［①郵送で／②ウェブで／③直接窓口で］登録する必要がある。

- □ **(3)** 事前登録は［①7月16日／②7月17日／③7月18日］までに済ませる必要がある。

- □ **(4)** スタッフから受講生に送付されるものには［①講師のメールアドレス／②受講料の振込先／③教科書］が含まれる。

- □ **(5)** 質問がある場合は［①メールを送る／②直接聞く／③コメント欄に書き込む］。

解 答

(1) ②　(2) ②　(3) ①　(4) ①　(5) ③

Hello everyone! Thank you for watching our information video. My name is William Brown, and I'm one of the instructors of the Summer Intensive English Course here at Douglas University. I really hope you'll join our exciting course. The three-week online lessons will start on July 25th. If you would like to register for the course, please click the link on our website to go to the Summer Course registration page. There, you can enter your name and email address and answer a few simple questions. After that, you will have to click the checkbox to show that you have read our program policies and press the enter key. It's necessary to complete this by July 16th. On July 18th, one of our staff members will send you an email with all the relevant information. This will include a more detailed schedule, the names and email addresses of the instructors, and the online class information for your course. If you have any questions, please use the comment section below. We're looking forward to seeing you soon.

> 全文訳はドリル1・2参照。

1 音声を聞き，それぞれの空所にあてはまる英語1語を書きましょう。また後の選択肢から英文の内容に合うものを選びましょう。

(1) Can I have some more juice? I'm still ＿＿＿＿＿＿＿＿＿＿.

話者はジュースを［①欲している／②欲していない］。

(2) Where can we go this weekend? Ah, I know. ＿＿＿＿＿＿＿＿＿＿ about Sunset Beach?

話者は［①そのビーチを見つけたい／②そのビーチに行きたい］。

(3) To start working in Hiroshima next week, Yuji ＿＿＿＿＿＿＿＿＿ from Chiba the day after graduation.

ユージは［①来週から仕事を始める／②今，千葉に住んでいる］。

(4) I won't give David any more ice cream today. I ＿＿＿＿＿＿＿＿ him some after lunch.

デイヴィッドは今日，アイスクリームを［①話者にあげた／②話者からもらった］。

共通テスト

2 音声を聞き，それぞれの空所にあてはまる英語2語を書きましょう。また後の選択肢から英文の内容に合うものを選びましょう。

(1) There weren't very many people on the bus, so I ＿＿＿＿＿＿＿＿＿＿＿＿.

① 話者はバスで座席に座ることができた。
② 話者はバスで座席を見つけられなかった。
③ 話者はバスにたくさんの人が乗っているのを見た。

(2) Susan, I left my phone at home. Wait here. ＿＿＿＿＿＿＿＿＿＿＿＿ back.

① 話者はスーザンに戻ってくるよう頼んだ。
② 話者は携帯電話を家に取りに帰るだろう。
③ 話者はスーザンを待つことになるだろう。

(3) I didn't lose my map of London. I've just ＿＿＿＿＿＿＿＿＿＿＿＿ in my suitcase.

① 話者はロンドンでスーツケースを見つけた。
② 話者はロンドンの地図を持っている。
③ 話者はロンドンの地図を買わなければならない。

(4) Claire usually meets Thomas for lunch on Fridays, but she's _____ _____ this week.

① 今週の金曜日も，クレアはトーマスに会うことができない。

② 今週の金曜日，クレアはトーマスといっしょに昼食をとる。

③ 今週の金曜日，クレアはトーマスに会うことができない。　　　共通テスト

3 音声を聞き，それぞれの空所 **(a)〜(c)** にあてはまる英語 1 語を書きましょう。また後の選択肢から英文の内容に合うものを選びましょう。

(1) 父親が，夏の地域清掃に出かける娘と話をしています。

A: Don't you need garbage bags?

B: No, they'll be **(a)** _____ . But maybe I'll need **(b)** _____ .

A: Right, you could get pretty dirty.

B: And it's sunny today, so I should take **(c)** _____ , too.

(ア) 地域清掃の参加者はゴミ袋を持参する［①必要はない／②必要がある］。

(イ) 女性は汚れることを予想して，［①ほうきを 1 つ／②手袋を 1 組］持って行く予定だ。

(ウ) 晴れる見込みであることから，女性は［①帽子を 1 つ／②サングラスを 1 つ］持って行く予定だ。

(2) 車いすを使用している男性が駅員に質問をしています。

A: Excuse me, where's the elevator?

B: Down there, **(a)** _____ to the lockers **(b)** _____ from the restrooms.

A: Is it all the way at the end?

B: That's right, just **(c)** _____ the stairs.

(ア) エレベーターはロッカーの［①横／②向かい側］にある。

(イ) ロッカーはトイレの［①横／②向かい側］にある。

(ウ) エレベーターは［①階段を降りた直後／②階段のすぐ手前］にある。　　共通テスト

4 音声を聞き，それぞれの空所にあてはまる英文を書きましょう。また後の選択肢から英文の内容に合うものを選びましょう。

(1) 大学生 2 人が話をしています。

A: Tom, I need someone to help me.

B: Oh, what's the matter?

A: My smartphone doesn't respond to any touches.

_____

[①女性は男性に／②男性は女性に] スマートフォンの修理について尋ねている。

(2) ボランティアのガイドが観光客に説明をしています。

A: This is the oldest building in this region. It is registered as a heritage site.

B: I see.

A: This building is lit up in the evening during the cherry blossom season.

B: It must be beautiful.

_____

[①女性は／②男性は] 春にもう一度この場所を訪れたいと思っている。

(3) 家電販売店の配達員が客と話しています。

A: Good morning. We're from Wilton's. We've brought your fridge.

B: At last! You were supposed to come on Tuesday!

A: I'm sorry about that.

_____

We couldn't make it yesterday.

会話の行われている日は [①月曜日／②火曜日／③水曜日] である。

新潟大学

音声を聞き，それぞれ内容に一致するものを 1 つ選びましょう。

(1) ① Europeans were saved from famine by potatoes.

② Potatoes came from Spain.

③ South Americans imported potatoes from Europe.

④ There were frequent famines in South America.

(2) ① Humans do better at translating figurative language.

② Human translation should no longer be used.

③ Machine translation is always better than human translation.

④ Machine translation works well with figurative language.

共立女子大学

解 答・解 説

1

(1) 解答 　空所：thirsty 　問い：①

和訳

もう少しジュースをもらえますか。まだのどが渇いているんです。

解説

Can I have some more juice? より，話者はジュースを欲していることがわかるので，正解は①。第 2 文の I'm still thirsty. は話者がジュースを欲する理由。

(2) 解答 　空所：How 　問い：②

和訳

今週末どこに行こうか。ああ，そうだ。サンセットビーチはどうかな。

解説

第 3 文の How about Sunset Beach? は話者による行き先の具体的な提案なので，正解は②。

(3) 解答 　空所：moved 　問い：①

和訳

ユージは来週から広島で働き始めるために，卒業した次の日に千葉から引っ越した。

解説

最初の To start working in Hiroshima next week より，話者は来週から広島で働き始めることがわかるので，正解は①。②は，主節の Yuji moved from Chiba より，ユージが千葉に住んでいたのは過去のことだとわかるので，不適。

(4) 解答 　空所：gave 　問い：②

和訳

今日，私はデイヴィッドにこれ以上アイスクリームを与えない。昼食後，彼にいくらかあげたので。

解説

第 2 文の I gave him some after lunch.「昼食後，彼にいくらかあげたので」を聞き取り，him = David，some = some ice cream であることから，正解は②となる。

2

(1) 解答 　空所：sat down 　問い：①

和訳

バスにはそれほど多くの人がいなかったので，私は座席に座った。

解説

後半の so I sat down より，話者はバスの座席に座ったことがわかるので，正解は①。③は，前半の There weren't very many people on the bus「バスにはそれほど多くの人がいなかった」に反する。

(2) 　解答　　空所：I'll be　問い：②

　和訳

スーザン，家に携帯電話を忘れてしまったよ。ここで待っていて。戻ってくるから。

　解説

第1文の Susan, I left my phone at home. より，話者は家に携帯電話を忘れたことをスーザンに伝えていることがわかる。それを踏まえると第2・3文の Wait here.　I'll be back. は，話者が携帯電話を取りに帰ることをスーザンに伝えているとわかるので，正解は②。①と③は，スーザンが家に帰る場合なので，不適。

(3) 　解答　　空所：found it　問い：②

　和訳

私はロンドンの地図をなくしてはいなかった。私はそれをスーツケースの中に見つけた。

　解説

第1文 I didn't lose my map of London. より，話者はロンドンの地図をなくしていなかったことがわかり，第2文 I've just found it in my suitcase. より，ロンドンの地図はスーツケースに入っていたことがわかるので，正解は②。

(4) 　解答　　空所：too busy　問い：③

　和訳

クレアはたいてい金曜日にトーマスに会って昼食を一緒にとるが，今週はクレアが忙しすぎる。

　解説

前半 Claire usually meets Thomas for lunch on Fridays より，クレアはたいてい金曜日にはトーマスに会って一緒に昼食をとることがわかるが，後半の but she's too busy this week. より，今週はクレアが忙しすぎてトーマスに会えないことがわかるので，正解は③。①の「今週も会えない」だと usually meets Thomas に一致しない。

3

(1) 　解答　　空所：(a) provided　(b) these　(c) this　問い：(ア) ①　(イ) ②　(ウ) ①

　和訳　　　　　　　　　　　　　　　　　　　　　　　　　▶ garbage bag　ゴミ袋

A: ゴミ袋は必要ないの？
B: うん，ゴミ袋は支給されるから。でも，これらは必要かもしれない。
A: そうだね，かなり汚れるだろうからね。
B: それに今日は晴れるから，これも持って行ったほうがいいわ。

　解説

(ア) 女性の1番目の発話の最初にある No は No, we don't need garbage bags.「ゴミ袋は持参する必要はない」という意味で，それに続く they'll be provided がその理由になっている（they = garbage bags）。したがって，正解は①。

(イ) 女性の1番目の発話の第2文 But maybe I'll need these. にある these は複数のものを指す。選択

肢②の「手袋（gloves）」は両手の分を 1 組と考えて複数形で表すので，正解は②。①の「ほうき（broom）」は「ほうき 1 つ」で a broom となり，these ではなく this で表されることになるので不適。

(ウ) 女性の 2 番目の発話の後半 I should take this, too の this は単数のものを指す。選択肢①の「帽子（hat / cap）」は，「帽子 1 つ」で a hat または a cap となり，this で指すことができるので，正解は①。②の「サングラス（sunglasses）」はレンズ 2 つから成るため，複数形で表す。そのため，指示代名詞は this ではなく these となる。

(2) | 解答 | 空所：**(a)** next　**(b)** across　**(c)** before　問い：(ア) ①　(イ) ②　(ウ) ②

| 和訳 |
A: すみません，エレベーターはどこにありますか。
B: あちらです，トイレの向かい側にあるロッカーの隣です。
▶ across from 〜　〜の向かい側に
A: 突き当たりまで進むのですか。
B: そうです，階段のすぐ手前にあります。
▶ stair 图 階段（通例複数）

| 解説 |
(ア) 女性の 1 番目の発話の next to the lockers「ロッカーの隣に」がエレベーターの位置を表しているので，正解は①。
(イ) 女性の 1 番目の発話の across from the restrooms「トイレの向かい側にある」は直前のロッカーの位置を表しているので，正解は②。
(ウ) 女性の 2 番目の発話の just before the stairs「階段のすぐ手前です」がエレベーターの位置を表しているので，正解は②。

4

(1) | 解答 | 空所：Do you know how to fix this problem?　問い：①

| 和訳 |
A: トム，助けてくれる人が必要なの。
B: え，どうしたの？
A: スマートフォンが触っても反応してくれないのよ。あなたはこの問題の対処の仕方を知っている？

| 解説 |
女性の 2 番目の発話の第 2 文 Do you know how to fix this problem? にある this problem は，女性のスマートフォンに触れても反応しない問題を指している。女性はこの問題の対処の仕方を知っているかどうか男性に尋ねているので，正解は①。

(2) | 解答 | 空所：I will definitely visit here again in spring.　問い：②

| 和訳 |
A: これはこの地域で最も古い建物です。遺産登録されています。
▶ register 動 〜を登録する／heritage site（歴史的建造物などの）遺産
B: なるほど。
A: この建物は桜の咲く季節には夜にライトアップされるんですよ。
▶ lit < light 動「〜を照らす」の過去分詞
B: それは美しいでしょうね。春に必ずもう一度ここに来ます。　▶ definitely 副 絶対に，必ず

男性の最後の発話 I will definitely visit here again in spring. より，正解は②。

(3)　解　答　　空所：The office should have rung you.　問い：③

和　訳　A: おはようございます。ウィルトンズから参りました。冷蔵庫をお持ちしました。
　　　　　▶ fridge 图 冷蔵庫（= refrigerator）

　　　B: やっとね！　火曜日に来ることになっていたでしょう！
　　　　　▶ be supposed to do　…することになっている

　　　A: 申し訳ありません。店からお電話を差し上げるべきでした。昨日は都合がつかな
　　　　かったのです。▶ rung < ring 動「～に電話をかける（主に英用法）」の過去分詞／make it　都合がつく，間に合う

解　説

女性の発話 You were supposed to come on Tuesday!「火曜日に来ることになっていたでしょう！」
と男性の 2 番目の発話の第 3 文 We couldn't make it yesterday.「昨日は都合がつかなかったのです」
より，会話の行われている日は水曜日だとわかるので，正解は③。

5

(1)　解　答　　①

選択肢の訳　①ヨーロッパ人はジャガイモによって飢饉から救われた。
　　　　　②ジャガイモはスペイン原産だ。
　　　　　③南米の人々はヨーロッパからジャガイモを輸入した。
　　　　　④南米では頻繁に飢饉が発生した。

スクリプト

In the sixteenth century, the Spanish began to export potatoes to Europe from South
America. At that time, there were frequent famines in rural areas in Europe. Potatoes,
which are nutritious and easy to grow, saved many Europeans from starvation.　▶ famine 图 飢饉

和　訳

16 世紀，スペイン人は南米からヨーロッパにジャガイモを輸出し始めた。当時，ヨーロッパの
田舎の地域では頻繁に飢饉が起きていた。栄養があり，栽培しやすいジャガイモは多くのヨー
ロッパ人を飢餓から救った。

解　説

最終文 Potatoes, which are nutritious and easy to grow, saved many Europeans from starvation.
「栄養があり，栽培しやすいジャガイモは多くのヨーロッパ人を飢餓から救った」より，正解は①。

(2)　解　答　　①

選択肢の訳　①人間は比喩的な表現を翻訳するのにより優れている。
　　　　　②人による翻訳はもはや使うべきではない。
　　　　　③機械翻訳は人による翻訳より常に優れている。
　　　　　④機械翻訳は比喩的な表現をうまく処理する。

Machine translation is being used more and more. Google Translate has reported that it translates 100 billion words a day. However, human translation is better in cases in which figurative language is used.

▶ figurative 形 比喩的な

和 訳

機械翻訳がますます使われるようになっている。グーグル翻訳によると，1日当たり 1,000 億語を翻訳しているということだ。しかし，比喩的な表現が使われる場合には，人による翻訳のほうが優れているのだ。

解 説

最終文 However, human translation is better in cases in which figurative language is used.「しかし，比喩的な表現が使われる場合には，人による翻訳のほうが優れているのだ」より，正解は①。